Jornalismo Literário

COLEÇÃO COMUNICAÇÃO

Coordenação
Luciana Pinsky

A arte de entrevistar bem Thaís Oyama
A arte de escrever bem Dad Squarisi e Arlete Salvador
A arte de fazer um jornal diário Ricardo Noblat
A imprensa e o dever de liberdade Eugênio Bucci
A mídia e seus truques Nilton Hernandes
Assessoria de imprensa Maristela Mafei
Comunicação corporativa Maristela Mafei e Valdete Cecato
Correspondente internacional Carlos Eduardo Lins da Silva
Escrever melhor Dad Squarisi e Arlete Salvador
Ética no jornalismo Rogério Christofoletti
Hipertexto, hipermídia Pollyana Ferrari (org.)
História da imprensa no Brasil Ana Luiza Martins e Tania Regina de Luca (orgs.)
História da televisão no Brasil Ana Paula Goulart Ribeiro, Igor Sacramento e Marco Roxo (orgs.)
Jornalismo científico Fabíola de Oliveira
Jornalismo cultural Daniel Piza
Jornalismo de rádio Milton Jung
Jornalismo de revista Marília Scalzo
Jornalismo de TV Luciana Bistane e Luciane Bacellar
Jornalismo e publicidade no rádio Roseann Kennedy e Amadeu Nogueira de Paula
Jornalismo digital Pollyana Ferrari
Jornalismo econômico Suely Caldas
Jornalismo esportivo Paulo Vinicius Coelho
Jornalismo internacional João Batista Natali
Jornalismo investigativo Leandro Fortes
Jornalismo político Franklin Martins
Jornalismo popular Márcia Franz Amaral
Livro-reportagem Eduardo Belo
Manual do foca Thaïs de Mendonça Jorge
Manual do frila Maurício Oliveira
Manual do jornalismo esportivo Heródoto Barbeiro e Patrícia Rangel
Os jornais podem desaparecer? Philip Meyer
Os segredos das redações Leandro Fortes
Perfis & entrevistas Daniel Piza
Reportagem na TV Alexandre Carvalho, Fábio Diamante, Thiago Bruniera e Sérgio Utsch (orgs.)
Teoria do jornalismo Felipe Pena

Jornalismo Literário

Felipe Pena

editora**contexto**

Copyright© 2006 Felipe Pena
Todos os direitos desta edição reservados à
Editora Contexto (Editora Pinsky Ltda.)

Coordenação da Coleção Comunicação
Luciana Pinsky

Montagem de capa
Antonio Kehl

Diagramação
Veridiana Magalhães

Projeto de capa
Marcelo Mandruca

Revisão
Adriana Teixeira e Alicia Klein

Dados Internacionais de Catalogação na Publicação (CIP)
(Câmara Brasileira do Livro, SP, Brasil)

Pena, Felipe
Jornalismo literário / Felipe Pena. – 2. ed., 1ª reimpressão. –
São Paulo : Contexto, 2023.

Bibliografia.
ISBN 978-85-7244-324-1

1. Jornalismo 2. Reportagem em forma literária I. Título.

06-3721 -070.433   CDD-070.4

Índices para catálogo sistemático:
1. Jornalismo cultural 070.4
2. Jornalismo literário 070.4
3. Livro-reportagem : Jornalismo 070.433

2023

Editora Contexto
Diretor editorial: *Jaime Pinsky*

Rua Dr. José Elias, 520 – Alto da Lapa
05083-030 – São Paulo – SP
PABX: (11) 3832 5838
contato@editoracontexto.com.br
www.editoracontexto.com.br

Proibida a reprodução total ou parcial.
Os infratores serão processados na forma da lei.

*Há literatura em qualquer forma de vida.
Para o jornalismo, então, a única alternativa é a ressurreição.
Precisamos arrancá-lo da tumba.*
Antonio Pastoriza

*Sempre acreditei que jornalismo e literatura
são parte da mesma definição.*
Eric Nepomuceno

Para Lela, nona eterna,
minha última homenagem.

SUMÁRIO

ADVERTÊNCIA..9

CAPÍTULO I
Introdução conclusiva..11
Além da redação: a estrela de sete pontas......................13
Divisão de gêneros: a missão possível............................17

CAPÍTULO II
A Literatura na história do Jornalismo........................23
O desenvolvimento do Jornalismo e da Literatura de folhetim..23
Alguns autores e obras..32

CAPÍTULO III
A crítica literária..37
Os cadernos literários na imprensa.................................40
Alguns autores e obras..44

CAPÍTULO IV
O Novo Jornalismo..51
A vertente gonzo..56
O Novo Jornalismo Novo...59
Alguns autores e obras..62

CAPÍTULO V
A biografia..69
Tempos e memórias..72
Celebridades e heróis..80
A biografia sem fim (fractais biográficos)........................91
Alguns autores e obras..93

CAPÍTULO VI
O romance-reportagem...101
Outras classificações..105
Alguns autores e obras..107

CAPÍTULO VII
A ficção jornalística... *111*
　A tênue fronteira entre ficção e realidade............................. 117
　Alguns autores e obras 119

CAPÍTULO VIII
Epílogo *129*

ANEXOS *131*

BIBLIOGRAFIA COMENTADA *135*

AGRADECIMENTOS *141*

ADVERTÊNCIA

Escrevo porque não sei fazer música. Se soubesse ler partituras e articular notas harmônicas, não me arriscaria nessas linhas tortas e analfabetas. A música é uma forma de comunicação muito mais eficaz e perene. Qualquer canção permanece por mais tempo no imaginário do que o melhor dos textos literários. Mas é preciso ter ouvido sensível e alma dançante. Como não fui capaz de desenvolver tais habilidades, fiz a faculdade de Jornalismo. Na verdade, queria ser escritor, mas logo descobri que seria emparedado pelas regras de objetividade da imprensa diária.

As páginas a seguir representam uma tentativa de quebrar essas paredes. Mas não se iluda, caro leitor. Dizem que o bom texto segue padrões musicais. Tem ritmo, harmonia e sonoridade. Se você possui essas três qualidades, largue logo este livro e corra para o piano.

Não perca tempo com a Literatura. Muito menos com o Jornalismo. Preocupe-se apenas com a melodia.

Felipe Pena

CAPÍTULO I

Introdução conclusiva

O sujeito magro, quase careca, daqueles de poucos fios ao lado da cabeça, com uma barriga saliente e o pensamento no umbigo do mundo, tira a carteira do bolso e se identifica para o despachante.
– Sou jornalista – diz.
– Jornalista, é?
– É, jornalista!!!
– E por que o jornalista precisa de um despachante?
– Quero fazer uma reportagem comparativa e preciso entrar em dois lugares muito diferentes. Você pode me ajudar?
O despachante analisa a face amarela do homem à sua frente. Fixa os olhos na testa longa, umedecida, revelando a oleosidade da pele fina. Tenta adivinhar seus pensamentos, mas esbarra na concentração tibetana do jornalista, que devolve o olhar fixo com uma intensidade ainda maior, quase fulminante, reservada apenas àqueles que acreditam ter uma missão a cumprir.
– E a que lugares o amigo deseja ir?
– Ao céu e ao inferno – respondeu o repórter.
– Hummmm!!! Não é tão difícil. As estradas parecem opostas, mas são paralelas.
Da gaveta da escrivaninha, o despachante puxa uma lista de formulários já carimbados e entrega-os ao repórter. Após o preenchimento, assina dois passes quase idênticos, grampeia os canhotos das fichas e coloca-os em plásticos transparentes.

– Aqui estão os passes. São válidos para uma única entrada em cada local. Você sabe a quem procurar?
– Sei – respondeu o jornalista.
– Então, boa sorte.

Com os documentos no bolso, o jornalista encaminha-se para o inferno. É recebido pelo Demônio em pessoa no portal de fogo que dá acesso ao local. Passa por um corredor estreito, vira à direita em uma pequena antessala e logo se depara com o salão principal, de tamanho infinito, onde estão milhões de pessoas.

Ao analisar os habitantes daquele antro, repara na felicidade geral. Todos estão cantando, dançando e rindo à toa. Parecem gozar de boa saúde, não têm aborrecimentos, passam o dia em festas, não há ofensas, doenças, humilhações, inveja ou qualquer outro tipo de mazela. A paisagem é paradisíaca. Árvores frutíferas, cachoeiras, rios de água transparente, longos vales e montanhas. Um lugar fantástico, pensa, não fosse por um único detalhe: depois de um certo tempo, todos acabam morrendo de fome, já que os moradores do inferno têm os cotovelos invertidos e não podem levar a comida até a boca.

Sem conseguir tirar aquela imagem da cabeça, retira-se pela mesma porta por onde entrara.

Intrigado e perplexo, segue viagem rumo ao céu, a segunda metade do itinerário de sua reportagem, imaginando a frustração que deve ser morrer de fome em lugar tão bonito como o inferno. Tudo por culpa dos cotovelos invertidos. Quando chega ao destino, passa pelo mesmo ritual. Entrega os documentos a São Pedro, que o conduz a um grande portão de nuvens. Passa por um corredor estreito, vira à direita numa antessala e, novamente, depara-se com um salão infinito. Lá dentro, a surpresa: estava diante das mesmas pessoas, das mesmas paisagens, da mesma felicidade.

No céu, assim como no inferno, todos riam, tinham saúde e também passavam o dia em festas. Da mesma forma, ali estavam as árvores frutíferas, os rios, os vales e as montanhas, como se fossem cópias do que vira na primeira parte de sua viagem. Passou, então, a observar os habitantes do céu e logo percebeu que eles também tinham os cotovelos invertidos. Pensou:

– Aqui, eles também devem morrer de fome depois de um tempo.

Estava errado. No céu, ninguém morre de fome, porque cada um leva a comida à boca do próximo na hora das refeições. E essa é a única coisa que o diferencia do inferno.

ALÉM DA REDAÇÃO: A ESTRELA DE SETE PONTAS

Conhecida como a fábula dos cotovelos, essa pequena historinha, de procedência desconhecida, tem uma moral óbvia. Prega a solidariedade e a fraternidade. O problema é que o óbvio nem sempre é percebido. Há uma cegueira ética na humanidade, cujos valores mais básicos estão sendo esquecidos ou substituídos pelos ideais da sociedade de consumo.

No meio desse limbo também está o Jornalismo. O que deveria ser uma profissão ligada às causas da coletividade vem se transformando, salvo raras e boas exceções, em um palco de futilidades e exploração do grotesco e da espetacularização. Revistas de fofocas, tabloides e até a chamada grande mídia estão entorpecidas pela busca da audiência e dos patrocinadores. Um puxa o outro, em um ciclo vicioso, inesgotável.

Prisioneiros dessa lógica, os jornalistas sérios, comprometidos com a sociedade, têm seu espaço reduzido e buscam alternativas. O Jornalismo Literário é uma delas.

Só que é uma alternativa complexa. Não se trata apenas de fugir das amarras da redação ou de exercitar a veia literária em um livro-reportagem. O conceito é muito mais amplo. Significa potencializar os recursos do Jornalismo, ultrapassar os limites dos acontecimentos cotidianos, proporcionar visões amplas da realidade, exercer plenamente a cidadania, romper as correntes burocráticas do *lead*,[1] evitar os definidores primários[2] e, principalmente, garantir perenidade e profundidade aos relatos. No dia seguinte, o texto deve servir para algo mais do que simplesmente embrulhar o peixe na feira.

Ficou confuso? Então, vou desenvolver cada um desses temas para facilitar a compreensão. É o que chamo de estrela de sete pontas, já que são sete diferentes itens, todos imprescindíveis, formando um conjunto harmônico e retoricamente místico,[3] como a famosa estrela. Comecemos pelo primeiro: potencializar os recursos do Jornalismo.

O jornalista literário não ignora o que aprendeu no Jornalismo diário. Nem joga suas técnicas narrativas no lixo. O que ele faz é desenvolvê-las de tal maneira que acaba constituindo novas estratégias profissionais. Mas os velhos e bons princípios da redação continuam extremamente importantes, como, por exemplo, a apuração rigorosa, a observação atenta, a abordagem ética e a capacidade de se expressar claramente, entre outras coisas.

A segunda ponta da estrela recomenda ultrapassar os limites do acontecimento cotidiano. Em outras palavras, quer dizer que o jornalista rompe com duas características básicas do Jornalismo contemporâneo: a periodicidade e a atualidade.[4] Ele não está mais enjaulado pelo *deadline*, a famosa hora de fechamento do jornal ou da revista, quando inevitavelmente deve entregar sua reportagem. E nem se preocupa com a novidade, ou seja, com o desejo do leitor em consumir os fatos que aconteceram no espaço de tempo mais imediato possível. Seu dever é ultrapassar esses limites e proporcionar uma visão ampla da realidade, que é a terceira característica sugerida.

Mas não entenda por visão ampla um pleno conhecimento do mundo que nos cerca. Qualquer abordagem, de qualquer assunto, nunca passará de um recorte, uma interpretação, por mais completa que seja. A preocupação do Jornalismo Literário, então, é contextualizar a informação da forma mais abrangente possível – o que seria muito mais difícil no exíguo espaço de um jornal. Para isso, é preciso mastigar as informações, relacioná-las com outros fatos, compará-las com diferentes abordagens e, novamente, localizá-las em um espaço temporal de longa duração.

Em quarto lugar, não necessariamente nessa ordem, é preciso exercitar a cidadania. Um conceito tão gasto que parece esquecido. Tão mal utilizado por quem não tem qualquer compromisso com ele que caiu em descrédito. Mas você não pode ignorá-lo. É seu dever, seu compromisso com a sociedade. Quando escolher um tema, deve pensar em como sua abordagem pode contribuir para a formação do cidadão, para o bem comum, para a solidariedade. Não, isso não é um clichê. Chama-se espírito público. E é um artigo em falta no mundo contemporâneo.

A quinta característica do Jornalismo Literário rompe com as correntes do *lead*. Para quem não sabe, o *lead* é uma estratégia narrativa inventada por jornalistas americanos no começo do século xx com o intuito de conferir objetividade à imprensa. Segundo Walter Lippman, autor do célebre *Public Opinion* (1922), tal estratégia possibilitaria uma certa cientificidade nas páginas dos jornais, amenizando a influência da subjetividade por meio de um recurso muito simples. Logo no primeiro parágrafo de uma reportagem, o texto deveria responder a seis questões básicas: Quem? O quê? Como? Onde? Quando? Por quê?

A fórmula realmente tornou a imprensa mais ágil e menos prolixa, embora a subjetividade não tenha diminuído. A opinião ostensiva foi apenas substituída por aspas previamente definidas e dissimuladas no interior da fórmula. Para a socióloga Gaye Tuchman, por exemplo, a objetividade nada mais é do que um ritual de autoproteção dos jornalistas. E a pasteurização dos textos é nítida. Falta criatividade, elegância e estilo. É preciso, então, fugir dessa fórmula e aplicar técnicas literárias de construção narrativa.

A sexta ponta da estrela evita os definidores primários, os famosos entrevistados de plantão. Aqueles sujeitos que ocupam algum cargo público ou função específica e sempre aparecem na imprensa. São as fontes oficiais: governadores, ministros, advogados, psicólogos etc. Como não há tempo no Jornalismo diário, os repórteres sempre procuram os personagens que já estão legitimados neste círculo vicioso. Mas é preciso criar alternativas, ouvir o cidadão comum, a fonte anônima, as lacunas, os pontos de vista que nunca foram abordados.

Por último, a perenidade. Uma obra baseada nos preceitos do Jornalismo Literário não pode ser efêmera ou superficial. Diferentemente das reportagens do cotidiano, que, em sua maioria, caem no esquecimento no dia seguinte, o objetivo aqui é a permanência. Um bom livro permanece por gerações, influenciando o imaginário coletivo e individual em diferentes contextos históricos. Para isso, é preciso fazer uma construção sistêmica do enredo, levando em conta que a realidade é multifacetada, fruto de infinitas relações, articulada em teias de complexidade e indeterminação.

Na verdade, a busca pela permanência reflete o segundo motivo mais importante para se escrever: o medo da morte. O escritor procura fugir da fugacidade da vida pelo tortuoso caminho das letras. É um otimista por natureza. Precisa acreditar que alguém vai publicar seu livro, que outros tantos terão interesse em lê-lo e que ele permanecerá nas prateleiras do tempo, amenizando a angústia de sua efêmera existência sobre a terra. Você deve estar se perguntando, então, qual é o primeiro motivo? Qual é a razão principal para se escrever? Bem, isso varia de escritor para escritor. Meus motivos estão registrados já na primeira página deste livro. "Escrevo porque não sei fazer música. Se soubesse ler partituras e articular notas harmônicas, não me arriscaria nessas linhas tortas e analfabetas." Como já mencionei, a música permanece por muito mais tempo na memória cultural do que a Literatura. E isso é fácil de verificar. Quer ver? Então pense rápido:

Qual é a primeira frase de seu livro favorito? Lembrou? Provavelmente não. Mas se você é uma exceção, vou mais adiante. Tente contar para si mesmo as cinco histórias literárias de que você mais gosta. Assim mesmo, de memória, com começo, meio e fim. Tente lembrar dos personagens, do enredo e dos cenários. Depois, articule as histórias em narrativas verbais. Difícil, não é? Falemos de música, então.

Tente cantar cinco canções. Não preciso nem dizer que é muito mais fácil. Mas como quero provar a minha tese, vou dificultar um pouco. Em que época elas tocavam no rádio? Provavelmente, você acertou de novo. E se eu perguntar sobre assuntos pessoais, como a namorada que você tinha no mesmo período, onde você trabalhava ou os lugares que frequentava? É quase certo que você também terá lembranças sobre todos esses assuntos, o que só acontece porque a harmonia é muito mais poderosa do que a sintática.

As associações do cérebro respondem muito melhor a melodias do que a frases. É uma questão neurológica, científica. Não há como lutar contra ela. Arrisco-me até a dizer que um frasco de perfume pode levantar sua memória afetiva com mais eficiência do que um livro. Claro que você pode argumentar que as músicas também têm frases, mas elas só são lembradas em virtude da associação com notas musicais. É um fato que os escritores têm que aceitar. E também o motivo pelo qual eles buscam sonoridade nas palavras.

Mas pense no jornal: dá para imaginar a dificuldade em manter um ritmo semântico no espaço de uma coluna de 30 cm, com apenas 40 minutos para escrevê-la? Isso sem falar nas dificuldades da apuração, na pressão do chefe, na concorrência, no estresse do cotidiano e em outras peculiaridades do trabalho jornalístico. É preciso ser um gênio para manter um bom texto sob tais condições. E, acreditem, eles existem. Aliás, conforme também já mencionei, apesar das limitações estilísticas, o trabalho na imprensa tem características fundamentais para a formação de um escritor (vide a primeira ponta da estrela).

Ao longo do tempo, o Jornalismo Literário atraiu uma série de talentos que ousaram ultrapassar os limites da redação. Na verdade, alguns nem chegaram a frequentá-la. Propositalmente, durante a exposição teórica sobre a estrela de sete pontas, não mencionei nenhum deles. Preferi deixar os exemplos para o interior de cada capítulo, em que relaciono alguns autores representativos de cada gênero abordado. Aliás, subgêneros, se partirmos do pressuposto de que o Jornalismo Literário é um gênero em si. Uma discussão complicada, pela qual temos de passar.

Mas não fique assustado. Tentarei simplificar.

DIVISÃO DE GÊNEROS: A MISSÃO POSSÍVEL

A mania de discutir gêneros é muito antiga. Os intelectuais gostam de classificar as coisas, inventar nomes e fingir que têm domínio racional sobre o mundo. Ao dividir tudo em compartimentos, têm a ilusão de que podem controlar a natureza. Foi por isso que inventaram as ciências, criando leis deterministas para dar uma suposta estabilidade e previsibilidade aos fenômenos naturais. Só que a lista foi ficando grande e, ao longo do tempo, a quantidade de informações motivou uma infinidade de novas divisões. De Aristóteles à sociedade moderna, passando pelos enciclopedistas do século XVIII, houve inúmeras mudanças nos diversos tipos de classificações.

Não existe, entretanto, forma mais eficiente de aprofundar o estudo de qualquer assunto. É verdade que, ao enquadrar determinado conhecimento em um gênero específico, limito meu horizonte de análise. Mas essa limitação também é uma ampliação. Por mais paradoxal que pareça, quando faço um recorte sobre um tema estou multiplicando as possibilidades reflexivas sobre ele, uma vez que minha metodologia promove questões que podem servir para incentivar a criação de novos métodos, que promovem outras questões, e assim por diante. A pertinência de qualquer pesquisa está nas perguntas, não nas respostas.

No caso do texto (literário ou não), o objetivo fundamental da divisão de gêneros é fornecer um mapa para a análise de estratégias do discurso, tipologias, funções, utilidades e outras categorias. Ou seja, propor uma classificação *a posteriori* com base em critérios *a priori*. Para Dominique Maingueneau, no livro *Análise de textos de comunicação*, todo texto pertence a uma categoria de discurso, a um gênero específico: "Tais categorias correspondem às necessidades da vida cotidiana e o analista do discurso não pode ignorá-las. Mas também não pode contentar-se com elas, se quiser definir critérios rigorosos".[5] Ou seja, tanto os critérios como as classificações terão múltiplas variações, pois essa é sua própria dinâmica. O que torna a tarefa muito mais complexa do que parece, com fronteiras tênues e conceituações diversificadas.

A definição de gêneros vem desde a Grécia Antiga, há quase três mil anos, com a classificação proposta por Platão, que era baseada nas relações entre Literatura e realidade, dividindo o discurso em mimético, expositivo ou misto. E foi nessa área que a teoria dos gêneros ganhou consistência, seja como agrupamento de obras por convenções estéticas ou como normatizadora das relações entre autor, obra e leitor. Apesar das diversas mutações ao longo do tempo, há certa unanimidade para diferenciar alguns gêneros da Literatura, como, por exemplo, poesia e prosa.

No Jornalismo, a primeira tentativa de classificação foi feita pelo editor inglês Samuel Buckeley, no começo do século XVIII, quando resolveu separar o conteúdo do jornal *Daily Courant* em *news* (notícias) e *comments* (comentários). Para se ter uma ideia da dificuldade em estabelecer um conceito unificado de gênero, essa divisão demorou quase duzentos anos para ser efetivamente aplicada pelos jornalistas e, até hoje, causa divergências.

Ao longo do tempo, a maioria dos autores seguiu essa dicotomia para enveredar pelo estudo dos gêneros jornalísticos, tomando como critério a separação entre forma e conteúdo, o que gerou a divisão por temas e pela própria relação do texto com a realidade (opinião x informação), contribuindo assim para uma classificação a partir da intenção do autor. Por essa classificação, ele (o autor) realiza uma função que pode ser opinar, informar, interpretar ou entreter. Mas será que a intenção é o ponto de partida mais adequado? Para Maingueneau, ela é apenas um dos caminhos. As funções também podem ser analisadas a partir da relação com os leitores ou com as instituições, só para itar dois exemplos.

A Universidade de Navarra, na Espanha, foi um dos primeiros centros de investigação a sistematizar o estudo dos gêneros jornalísticos, desde 1959. Inicialmente, os textos foram divididos em informativos, explicativos, opinativos e de entretenimento. Posteriormente, o pesquisador catalão Hector Borrat sugeriu a divisão em textos narrativos, descritivos e argumentativos. No Brasil, Luiz Beltrão foi o pioneiro, seguido do professor José Marques de Mello, cujas propostas foram baseadas nos seguintes critérios: 1) finalidade do texto; 2) estilo; 3) modos de escrita; 4) natureza do tema; e 5) articulações interculturais (cultura). As sistematizações de Marques de Mello também levam em conta a geografia, o contexto sociopolítico, a cultura, os modos de produção e as correntes de pensamento.

Mas a Literatura ainda é o melhor exemplo da complexa tarefa de divisão genérica. Começa com o próprio Aristóteles, no século IV a.C., que separou os gêneros em lírico, épico e dramático na famosa obra *A poética*. Platão, como já mencionei, também esboçou uma tripartição alguns anos antes, mas foi o seu discípulo que a estruturou formalmente. Ambos, no entanto, estavam mais preocupados com o modo de enunciação dos textos do que com a Literatura em si, o que se justifica pela tradição oral da época. Além disso, as subdivisões deixavam claro que a classe social era um dos principais pressupostos da classificação. A tragédia, por exemplo, era destinada aos nobres, enquanto a comédia tinha seu foco nos plebeus.

A partir do século XVIII, o modelo triplo começou a ser questionado. Conforme lembram os teóricos Gerard Genette e Emil Staiger, os gêneros ultrapassaram a característica fundamental de mediar a produção literária e a recepção do público, ganhando uma dimensão muito mais ligada ao desenvolvimento mental do homem, cuja essência está representada pelos domínios emocional, figurativo e lógico.

No século XIX, o escritor Victor Hugo foi um dos principais críticos do modelo grego, o que ficou materializado no famoso prefácio de

Cromwell. Com a consolidação dos valores burgueses, um gênero se cristalizou como dominante: o romance. A partir dele, surgiram misturas com outras formas de representação, como cartas, diários e memórias. Uma nova sensibilidade tomou conta da sociedade, embriagada pela lógica capitalista emergente.

Mas foi no começo do século XX que se instalou uma verdadeira revolução no conceito de gênero, quando as questões romperam os limites do texto e passaram a se localizar na linguagem. Os teóricos conhecidos como formalistas russos enfocaram o romance no âmbito da diversidade, como um gênero que muda de forma constantemente e é impossível de ser analisado fora do sistema onde está inserido. Para além do discurso literário, as classificações começaram a se referir a qualquer tipo de enunciado, dos mais simples aos mais complexos.

Com Mikhail Bakhtin, os estudos passaram da condição literária para a condição discursiva, e os agora chamados gêneros do discurso podiam ser divididos a partir de suas funções (científico, técnico, cotidiano etc.) ou, conforme outro teórico importante, Tzvetan Todorov, a partir de suas codificações históricas, respeitando-se quatro níveis essenciais: semântico, sintático, pragmático e verbal. Enfim, assumiu-se que os gêneros são relativos e transitórios, com princípios dinâmicos e em estado perene de transformação.

Diante desse quadro, imagine o problema que é analisar a junção de dois discursos diferentes: o jornalístico e o literário. Ao longo da História, vários teóricos tentaram definir essa junção como um gênero específico. Entretanto, se o princípio básico é o da transformação e da transitoriedade, a missão torna-se impossível. Então, a única alternativa é propor uma aproximação conceitual, identificando subdivisões possíveis de acordo com o momento histórico. Aí está, caro leitor, o objetivo deste livro.

O termo Jornalismo Literário dá margem a uma série de diferentes interpretações sobre seu significado. Na Espanha, por exemplo, está dividido em dois gêneros específicos: *periodismo de creación* e *periodismo informativo de creación*. O primeiro está vinculado a textos exclusivamente literários, apenas veiculados em jornais. Já o segundo une a finalidade informativa com uma estética narrativa apurada. O problema é que já parte do pressuposto de que o texto exclusivamente informativo não tem uma narrativa trabalhada.

No Brasil, o Jornalismo Literário também é classificado de diferentes maneiras. Para alguns autores, trata-se simplesmente do período da história do Jornalismo em que os escritores assumiram as funções de editores, articulistas, cronistas e autores de folhetins, mais especificamente o século XIX. Para outros, refere-se à crítica de obras literárias veiculada em jornais. Há ainda os que identificam o conceito com o movimento conhecido como *New Journalism*, iniciado nas redações americanas da década de 1960. E também os que incluem as biografias, os romances-reportagem e a ficção-jornalística.

Neste livro, considerarei todas as opções acima. Mas pretendo tratá-las como subgêneros do Jornalismo Literário. Cada uma será abordada como um capítulo específico, em que tento explicar conceitos e relacionar autores representativos (cujos critérios de escolha são explicitados nos próprios capítulos), com a ajuda dos textos escritos por duas de minhas alunas mais dedicadas, Thais Crist e Suzana Meireles – esta última com bolsa de iniciação científica concedida pela Universidade Federal Fluminense.

Por fim, cabe registrar minha própria definição de Jornalismo Literário. Além das características da estrela de sete pontas, já mencionadas nesta introdução, acredito que o conceito está fundamentalmente ligado a uma questão linguística. Como diria Nietzsche, a linguagem é inseparável do pensamento, cuja natureza é estritamente retórica. A informação que segue viagem pelas estradas neurais do cérebro é sintática e semântica. Estamos sempre "empalavrando" o mundo.[6] O que falta é valorizar a musicalidade.

Assim, defino Jornalismo Literário como linguagem musical de transformação expressiva e informacional. Ao juntar os elementos presentes em dois gêneros diferentes, transformo-os permanentemente em seus domínios específicos, além de formar um terceiro gênero, que também segue pelo inevitável caminho da infinita metamorfose. Não se trata da dicotomia ficção ou verdade, mas sim de uma verossimilhança possível. Não se trata da oposição entre informar ou entreter, mas sim de uma atitude narrativa em que ambos estão misturados. Não se trata nem de Jornalismo, nem de Literatura, mas sim de melodia.

Ouça este livro, meu caro leitor. E estará próximo do que quero dizer.

NOTAS

1. A famosa fórmula objetiva que prega a necessidade de o texto jornalístico responder às principais perguntas da reportagem ainda no primeiro parágrafo.

2. Aqueles entrevistados que sempre falam para os jornais, como autoridades e especialistas famosos.

3. Místico no sentido das atribuições transformadoras conferidas às suas características.

4. Como mostrarei no próximo capítulo, "A literatura na história do jornalismo", essas duas características, aliadas à publicidade e à universalidade, formam a base de identificação do jornalismo moderno.

5. Dominique Maingueneau, Análise de textos de comunicação, trad. Cecília P. de Souza Silva, São Paulo, Cortez, 2004, p. 59.

6. Albert Chilón, Literatura y periodismo, Barcelona, Aldeia Global, 1999, p. 25.

CAPÍTULO II

A Literatura na história do Jornalismo

A palavra é o átomo da alma.
Ziraldo

Somos todos escritores. Só que uns escrevem, outros não.
José Saramago

O DESENVOLVIMENTO DO JORNALISMO E DA LITERATURA DE FOLHETIM

No Princípio, Deus criou o céu e a terra. Trevas cobriam o oceano e um vento impetuoso soprava sobre as águas. Deus disse: "Faça-se a luz!" E a luz se fez. Em seguida mandou fazer um firmamento e estava criado o solo.[1] Depois, vieram os minerais, os vegetais, os animais e o ser humano, criado à Sua imagem e semelhança. Mas ainda tinha a história de uma costela que virava mulher, cuja gula trouxe o pecado ao mundo em forma de uma maçã oferecida pela serpente.

"Muito complicado e impreciso!", disse o menino, com surpreendente intelectualidade para os seus 8 anos, enquanto ouvia a história contada pelo pai, o vigésimo da sua linhagem a narrá-la para o filho. Ao dar continuidade a uma tradição oral tão longínqua, o homem esperava por tudo, menos pela contestação da criança.

A surpresa, no entanto, logo deu lugar à resignação. E a resignação foi substituída pela ação. Era um sujeito moderno, pragmático. Precisava entender as mudanças de costumes do mundo contemporâneo. Afinal já estavam no ano 1.784.929, antes de Cristo. E ele nem sabia quem seria esse tal de Cristo.

Levantou-se em direção à porta da caverna. Retirou da bolsa um longo instrumento de sopro feito com chifre de unicórnio e fez soar um ruído seco, mas incrivelmente sonoro.

O filho observou a cena, estupefato, e ficou ainda mais intrigado com o homem que apareceu na sua frente alguns minutos depois. Ele portava um instrumento perfurante e uma tábua de pedra. Tinha uma barba longa e o olhar de quem sabia exatamente a sua função no mundo.

O pai o levou para perto da fogueira. Ao colocar um pouco mais de lenha, tornou o ambiente menos sombrio. Ofereceu um pouco de água e os restos de um javali consumido pela família na noite anterior. O homem agradeceu a oferta, mas serviu-se apenas do líquido armazenado em um recipiente de pedra lascada. Estava com pressa, sentia-se angustiado, não queria perder tempo. Foi direto ao assunto.

– Qual é o problema? – perguntou.

– O senhor pode contar os fatos para o meu filho?

– Claro! Venha para cá, garoto!

E assim a história passou a fazer sentido para o menino. Aquele homem misterioso, cujos pés calejados revelavam uma infinidade de viagens pelos mais distantes rincões, detalhou cada acontecimento narrado superficialmente pelo pai. Revelou as fontes, contextualizou os personagens, citou datas, descreveu lugares e apresentou as respectivas causas de todos os eventos.

Ao ir embora, recebeu o devido pagamento de um pai agradecido, que ainda teve de responder a uma última pergunta do pequeno curioso.

– Quem era esse homem, pai?

– Um viajante. É ele que sempre nos traz informações sobre as tribos vizinhas, as colheitas e os animais ferozes que circundam nossa caverna. Sem ele, estaríamos perdidos.

– E o que ele faz tem algum nome?

– Um dia vai ter, meu filho. Um dia vai ter.[2]

Não há consenso sobre as origens do Jornalismo. Para muitos pesquisadores, ele começa junto com a primeira comunicação humana, ainda na Pré-história, conforme o exemplo dessa historinha de criança. Outros localizam o início muito mais tarde, entre os séculos XVIII e XIX, quando suas características modernas já podem ser identificadas. Ou seja, quando os jornais já possuem periodicidade, atualidade, universalidade e publicidade.

No livro *Teoria do jornalismo*,[3] também publicado pela Editora Contexto, deixo clara a minha posição, que está muito mais próxima da primeira versão. Para mim, a natureza do Jornalismo está no medo. O medo do desconhecido, que leva o homem a querer exatamente o contrário, ou seja, conhecer. E, assim, ele acredita que pode administrar sua vida de forma mais estável e coerente, sentindo-se um pouco mais seguro para enfrentar o cotidiano aterrorizante de seu meio ambiente. Para isso, é preciso transpor limites, superar barreiras, ousar. Entretanto, não basta produzir cientistas e filósofos, ou incentivar navegadores, astronautas e outros viajantes a desbravar o desconhecido. Também é preciso que eles façam relatos e reportem suas informações a outros membros da comunidade, que buscam a segurança e a estabilidade do "conhecimento". A isso, sob certas circunstâncias éticas e estéticas, posso chamar Jornalismo.

Só que uma história do Jornalismo dificilmente poderia estar excluída de uma história da comunicação. Na verdade, como nos conta César Aguillera Castilho, ela é até menos inteligível fora deste contexto. Castilho escreveu o primeiro capítulo do livro *História da imprensa*, um compêndio de setecentas páginas organizado pelo professor espanhol Alejandro Pizarroso Quintero. O título do capítulo é "Comunicação e informação antes da impressão". Nele, Castilho faz a seguinte ponderação: "Se a primeira grande aquisição comunicativa do *Homo Sapiens* é a fala, isso não exclui que tenha havido comunicação antes de sua aquisição".[4] Ele se baseia em estudos do pesquisador Carleton S. Coon para traçar uma panorama darwinista do homem, em que relaciona a origem da fala humana à sua própria evolução física e mental. Assim, o ser humano, muito lentamente, passaria de uma fase pré-lógica para um pensamento lógico e libertador. Entretanto, essa passagem não significa a perda do mundo de significações primordiais expressas na diversidade gestual do homem primitivo.

A linguagem não verbal é essencial para o advento da verbalização, que, segundo Castilho, acontece durante a revolução neolítica, quando verifica-se um aumento de novas tarefas e novos utensílios. "Por essa altura, parece que o homem conseguiu um idioma verbal, se bem que este, só por si, nunca tenha existido: fala-se com os olhos, com os gestos, com o corpo, com as posturas e, principalmente, com o tom e a emoção."[5]

Quando o homem fala, há um componente sinestésico tanto na emissão quanto na recepção. Ao ouvir alguém em uma praça pública, por exemplo, não estamos só usando a audição. Estamos vendo seus gestos, usando o tato para nos apoiar em algum banco ou ficar de pé, sentindo o cheiro no ar e o paladar de nossa última refeição ou da fome que se aproxima. Todos esses componentes influenciam a mensagem. São parte dela.

Segundo Bill Kovach e Tom Rosenstiel, autores do livro *Os elementos do jornalismo*, os relatos orais podem ser considerados uma espécie de pré-jornalismo. Para eles, quanto mais democrática uma sociedade, maior é a tendência para dispor de mais notícias e informações. O que pode ser comprovado pela democracia ateniense, que se apoiava em um Jornalismo oral, no mercado de Atenas, onde tudo que era importante para o interesse público ficava ao ar livre – como concluem Kovach e Rosenstiel, citando o professor de Jornalismo John Hohenberg.

As conclusões da dupla americana vêm ao encontro dos fundamentos da democracia grega, baseada em preceitos como isagoria, isonomia e isotimia. Mas os próprios gregos perceberam as possibilidades de manipulação do conteúdo oral pela habilidade do orador. Os sofistas, cuja marca principal era a competência no discurso, foram criticados por Platão, para quem a cidade perfeita deveria ser governada pela classe dos filósofos, os únicos com sabedoria e conhecimento suficientes para exercer o comando. Segundo ele, não haveria democracia enquanto os requisitos do discurso oral continuassem valorizados. Ou o povo se submetia à reta filosofia, ou decidia pela injustiça do bom prazer.

O fato é que os relatos orais são a primeira grande mídia da humanidade. O historiador Peter Burke classifica-os como um meio de comunicação específico e importante, mas que têm recebido pouca atenção da historiografia oficial, apesar da vasta literatura sobre a oralidade. Mesmo muito tempo após a invenção da escrita, a comunicação oral continuou (e continua) poderosa. Segundo Burke, "as possibilidades do meio oral eram conscientemente exploradas pelos mestres do que era conhecido no século XVI como a retórica eclesiástica".[6]

Os púlpitos da Igreja Católica e Protestante influenciavam reis e rainhas. Para Burke, os governos tinham plena consciência do poder que a tal retórica exercia sobre a população, principalmente nas áreas rurais, onde havia obediência cega aos seus ensinamentos.

A rainha Elizabeth I falou da necessidade de "sintonizar os púlpitos", e Carlos I concordou declarando que "em tempos de paz as pessoas são mais governadas pelo púlpito do que pela espada", uma clássica e primeira declaração da ideia de hegemonia cultural.[7]

Burke ainda destaca outros importantes tipos de comunicação oral, como a acadêmica, o canto, o boato e a informação de tabernas, banhos públicos, clubes, bares e cafés.

E é exatamente nos cafés de Londres, no começo do século XVII, que Bill Kovach e Tom Rosenstiel situam um possível início do que eles chamam de moderno Jornalismo. Lá, os donos dos *pubs* (casas públicas) estimulavam as conversas com viajantes, pedindo que contassem o que tinham visto pelo caminho.

Na Inglaterra, havia cafés especializados em informações específicas. Os primeiros jornais saíram desses cafés por volta de 1609, quando tipógrafos mais atrevidos começaram a recolher informações, fofocas e discussões políticas nos próprios cafés, depois imprimindo tudo.[8]

Ou seja, além da passagem de uma cultura oral para a escrita, é a invenção dos tipos impressos que vai possibilitar o advento do Jornalismo moderno. Entretanto, a oralidade continuará sendo protagonista do processo jornalístico, não só na relação com as fontes como na configuração de novas tecnologias midiáticas, como o rádio e a televisão.

Só que, na História da Imprensa, os críticos costumam fazer uma divisão cronológica em modelos explicativos, que refletem as transformações do espaço público. Para Bernard Miége, por exemplo, eles são quatro: imprensa de opinião (artesanal, tiragem reduzida e texto opinativo), imprensa comercial (industrial, mercantil e texto noticioso), mídia de massa (tecnologia, *marketing* e espetáculo) e comunicação generalizada (megaconglomerados de mídia, informação como base das estruturas socioculturais e realidade virtual). Já Ciro Marcondes Filho, no livro *Comunicação e jornalismo: a saga dos cães perdidos*, traça um quadro evolutivo de cinco épocas distintas:

- Pré-história do Jornalismo: de 1631 a 1789. Caracterizada por uma economia elementar, produção artesanal e forma semelhante ao livro.
- Primeiro Jornalismo: 1789 a 1830. Caracterizada pelo conteúdo literário e político, com texto crítico, economia deficitária, e comandado por escritores, políticos e intelectuais.
- Segundo Jornalismo: 1830 a 1900. Chamada de imprensa de massa, marca o início da profissionalização dos jornalistas, a criação de reportagens e manchetes, a utilização da publicidade e a consolidação da economia de empresa.
- Terceiro Jornalismo: 1900 a 1960. Chamada de imprensa monopolista, marcada por grandes tiragens, influência das relações públicas, grandes rubricas políticas e fortes grupos editoriais que monopolizam o mercado.
- Quarto Jornalismo: de 1960 em diante. Marcada pela informação eletrônica e interativa, como ampla utilização da tecnologia, mudança das funções do jornalista, muita velocidade na transmissão de informações, valorização do visual e crise da imprensa escrita.

Pela classificação de Marcondes Filho, portanto, a influência da Literatura na imprensa está mais presente nos chamados primeiro e segundo jornalismos. Estamos falando justamente dos séculos XVIII e XIX, quando escritores de prestígio tomaram conta dos jornais e descobriram a força do novo espaço público. Não apenas comandando as redações, mas, principalmente, determinando a linguagem e o conteúdo dos jornais. E um de seus principais instrumentos foi o folhetim, um estilo discursivo que é a marca fundamental da confluência entre Jornalismo e Literatura.

O termo francês *feuilleton* não se referia inicialmente aos romances publicados em periódicos. Quando apareceu pela primeira vez, no

Journal des Débats, denominava um tipo de suplemento dedicado à crítica literária e a assuntos diversos. Mas a partir das décadas de 1830 e 1840, a eclosão de um Jornalismo popular, principalmente na França e na Grã-Bretanha, mudou o conceito, incorporando-o à nova lógica capitalista. Publicar narrativas literárias em jornais proporcionava um significativo aumento nas vendas e possibilitava uma diminuição nos preços, o que aumentava o número de leitores e assim por diante.

Para os escritores, também era um ótimo negócio. Não só porque recebiam em dia dos novos patrões, mas também pela visibilidade que ganhavam a partir da divulgação de suas histórias e de seus nomes. E o último elemento desse tripé, obviamente, eram os anunciantes, que, com o aumento das tiragens, pagavam mais caro pelo espaço publicitário e ajudavam a consolidar a lógica capitalista dos jornais.

Muitos críticos alocam o folhetim como herdeiro do romance realista ou, na verdade, como uma diferente forma de veiculação dos mesmos preceitos. E como o realismo pode ser visto muito mais como uma atitude estética do que como um gênero, tal aproximação é bastante factível. Se o conteúdo das obras expressava a necessidade de conhecer a nova ordem social vigente, nada mais justo do que a simbiose com o Jornalismo, também um retrato da época.

Entretanto, há algumas características específicas do folhetim que lhe garantem a exclusividade narrativa. Para começar, ele era dirigido a um público muito vasto, de todas as classes. Portanto, a linguagem deveria ser simples e acessível. Além disso, para facilitar a compreensão, eram utilizados recursos de homogeneização cultural, como estereótipos, clichês e estratégias correlatas. Histórias de adultérios, amores impossíveis e odisseias aventureiras tinham como objetivo a lágrima melodramática e o riso fácil.

Outra característica do folhetim era o chamado *plot*, o ponto de virada do roteiro. A ação era sempre interrompida no momento culminante. A hora do beijo, a descoberta do assassino ou o flagrante do marido. Como as histórias eram publicadas em fascículos, no final de cada capítulo existia sempre um acontecimento dramático, que só seria resolvido na edição seguinte do jornal, garantindo assim a próxima compra do leitor. E, se por algum motivo, ele não pudesse acompanhar a série por um determinado tempo, também não havia problema.

Os escritores usavam o recurso da repetição, sempre lembrando ao público fatos acontecidos muitos capítulos atrás. Era a chamada estética da redundância.

Você está encontrando alguma semelhança com as telenovelas? Não se surpreenda, é isso mesmo. Em muitos aspectos, elas seguem as estratégias do folhetim. A trama principal, por exemplo, quase sempre se concentra em um casal que não consegue ficar junto. Mas há outras tramas paralelas que se entrelaçam com a principal e garantem unicidade ao enredo.

Às vezes, era preciso esticar a trama mais do que o previsto (você também já viu isso em novelas) e os autores carregavam na prolixidade. Inventavam novos personagens e mudavam radicalmente os antigos, trazendo certa inverossimilhança ao enredo. Isso também acontecia porque os escritores tinham contrato por tempo de publicação e não podiam terminar a história a qualquer momento. Ou então, recebiam por linha e acabavam escrevendo mais do que o devido.

As mudanças na trama também seguiam os desejos do público, que emitia opiniões por cartas enviadas aos jornais. Exatamente como ocorre hoje. Só para você ter uma ideia, a Rede Globo mantém grupos de discussão com telespectadores comuns para interferir nas telenovelas. O autor nunca é autônomo. Se o público prefere que a mocinha fique com o personagem X e não com o Y, assim será feito, ainda que o escritor tenha feito uma opção diferente no começo da história. A intervenção constante dos leitores é peça fundamental na estratégia folhetinesca.

Por último, é preciso dizer que os estereótipos, exageros dramáticos ou repetições não significavam baixa qualidade literária. Havia força na narrativa central e na construção dos personagens. Tanto é que boa parte dos autores de folhetim acabou consagrada na história da Literatura universal. Os exemplos são muitos.

Na França, o maior destaque foi Honoré de Balzac, que, de 1837 a 1847, publicou um folhetim por ano no jornal *La Presse*, o mesmo que veiculou boa parte da obra de Eugène Sue. Também merecem destaque Victor Hugo, autor de *Os miseráveis*, e Alexandre Dumas, que optou por outro jornal, *Le Siècle*, em cujas páginas foi impresso um dos maiores clássicos da Literatura mundial, *Os três mosqueteiros*.

Na Inglaterra, Charles Dickens e Walter Scott tiveram participação fundamental. Em Portugal, Camilo Castelo Branco e Júlio Diniz publicaram seus romances nas páginas dos jornais *República, A capital, Diário de Notícias, Diário Popular* e *Diário de Lisboa*, entre outros. E também na Rússia grandes escritores produziram folhetins, como foi o caso de Dostoievski e Tolstoi.

No Brasil não foi diferente, embora o termo folhetim fosse confundido com crônica em algumas ocasiões. Machado de Assis, cuja carreira como jornalista solidificou-se quando era repórter no Senado Federal, foi nosso melhor exemplo de "cronista folhetinesco", publicando críticas ácidas sobre a sociedade brasileira em jornais como a *Gazeta de Notícias* e o *Correio Mercantil*. Neste último, também foi destaque o trabalho de José de Alencar com sua coluna "Ao correr da pena", que teve continuação em outro jornal, *O Diário do Rio de Janeiro*, no qual escreveu seu primeiro folhetim nos moldes de um romance em fascículos, cujo título era *Cinco minutos*.

Quase todos os grandes escritores brasileiros do século XIX (até o começo do século XX) passaram por jornais, como, por exemplo, Joaquim Manoel de Macedo, Raul Pompeia, Aloísio de Azevedo, Euclides da Cunha e Visconde de Taunay, além dos já citados. Mas o primeiro passo rumo ao folhetim foi dado por Manuel Antônio de Almeida, que, em 1852, publicou *Memórias de um sargento de milícias* nas páginas do *Correio Mercantil*.

De fato, apesar das críticas à sua estrutura popularesca, o folhetim democratizou a cultura, possibilitando o acesso do grande público à Literatura e multiplicando o número de obras publicadas. Até críticos ferozes da cultura de massas, como é o caso de Edgar Morin, renderam-se a essa evidência, considerando o estilo como

> socializante, na medida em que destrói as barreiras sociais, dirigindo-se ao pobre e ao rico, ao culto e ao ignorante, descrevendo com realismo a condição de vida dos deserdados e a opulência dos grandes, abrindo os olhos do leitor para as injustiças mais gritantes.[9]

Para concordar com Morin, basta imaginar a cena em que filhos letrados de aristocratas põem-se a ler os folhetins para os serviçais analfabetos. Nas palavras de um dos mais importantes críticos do mundo, Arnold Hauser, autor de *História social da literatura*:

O romance de folhetim significou uma democratização sem precedentes da Literatura e um nivelamento quase absoluto do público leitor. Nunca uma arte foi tão unanimemente reconhecida por tão diferentes estratos sociais e culturais, e recebida com sentimentos tão similares.[10]

E foi justamente no século XIX que a influência da Literatura no Jornalismo tornou-se mais visível. O casamento entre imprensa e escritores era perfeito. Os jornais precisavam vender e os autores queriam ser lidos. Só que os livros eram muito caros e não podiam ser adquiridos pelo público assalariado. A solução parecia óbvia: publicar romances em capítulos na imprensa diária. Entretanto, esses romances deveriam apresentar características especiais para seduzir o leitor. Não bastava escrever muito bem ou contar uma história com maestria. Era preciso cativar o leitor e fazê-lo comprar o jornal no dia seguinte. E, para isso, seria necessário inventar um novo gênero literário: o folhetim.

ALGUNS AUTORES E OBRAS

No decorrer deste capítulo, mencionei autores e obras viscerais para a formação da simbiose estilística entre Jornalismo e Literatura. Mas gostaria ainda de me alongar um pouco mais na exposição sobre alguns escritores e seus respectivos livros, prática que adotarei ao final de cada capítulo.[11] Neste, especificamente, como critério de escolha, preocupei-me primeiramente em relacionar os principais representantes do romance francês do século XIX que tiveram forte participação nos jornais da época, seja como articulistas ou como escritores de folhetins.

Para começar, o nome mais óbvio é o de Honoré de Balzac, pela vastidão e qualidade de sua obra, reunida no compêndio intitulado *A comédia humana*. A literatura de descrição e narrativa inspiradas fortemente nos fatos sociais e nos acontecimentos corriqueiros acabaram por torná-lo, além de escritor, um verdadeiro historiador da vida privada. Tinha paixão pelo que a tantos soava comum e isso se refletiu ao longo de toda a sua produção literária.

Também pela imensidão de personagens e possibilidades de tramas que encontrava em seu cotidiano, Balzac foi um escritor muito produtivo. Em 1850, quando morreu aos 51 anos de idade, deixou mais de cinquenta títulos conhecidos e um universo ficcional povoado por mais de dois mil personagens. Entre os mais famosos estão: *A mulher de trinta anos* (1832), *Eugénie Grandet* (1833), *O pai Goriot* (1835) e *As ilusões perdidas* (1843).

Outro nome que merece um pouco mais de atenção é o de Victor Hugo, que, paralelamente às suas atividades literárias e jornalísticas, teve participação decisiva na história política e social da França, com destaque para seu forte engajamento na revolução de 1848. Hugo, até então monárquico, entusiasmou-se com os valores revolucionários das camadas miseráveis e assumiu posição favorável à República, combatendo energicamente as ideias de Luís Napoleão Bonaparte.

Por sua determinação e eloquência, chegou a ser nomeado membro da Assembleia Constituinte, mas, após o golpe de Estado de 1852, foi obrigado a deixar o país e a passar 15 anos como exilado político. Refugiado em Guernesey, Hugo produziu a parte mais rica e pessoal de sua vasta obra, influenciado pelo calor da indignação e da revolta. São frutos deste período recluso as obras: *Napoleão, o pequeno* (1852) – uma feroz sátira a seu maior desafeto –, *Os castigos* (1853), *As contemplações* (1856) e o primeiro volume de seu poema épico, *A lenda dos séculos* (1859-1883).

Nesta época, também redigiu ferozes panfletos contra o regime imperial e dezenas de poemas satíricos. Ainda em Guernesey, completou sua mais extensa e famosa obra, *Os miseráveis* (1862), uma novela que descreve vividamente o tempo de condenação e a injustiça social da França do século XIX.

Com a queda do Império e a proclamação da República, em 1870, Hugo voltou a Paris, onde se tornou símbolo da resistência republicana. Foi eleito deputado e posteriormente senador. Nesse período, ainda escreveu e publicou *O ano terrível* (1872), *Noventa e três* (1874) e *Atos e palavras* (1875).

Quando Hugo morreu, em 1885, foi decretado luto nacional e oferecidas diversas honrarias fúnebres, entre elas o sepultamento no *Panteon dos Homens Ilustres*. Victor Hugo foi pioneiro na Literatura ocidental e no Jornalismo, e revolucionou não somente as artes como também a sociedade francesa. Seu estilo literário e suas ideias revolucionárias conquistaram inúmeros seguidores ao redor do mundo.

Outro critério de escolha para esta parte foi contrapor o pioneirismo francês com um representante anglo-saxão e com os dois principais jornalistas-escritores do Brasil no final do século XIX e começo do século XX. Assim, a opção inglesa ficou por conta de Charles Dickens, cujo olhar perspicaz e talento para os retratos e caricaturas se refletem livremente em seus artigos e crônicas para jornais londrinos. De sua infância difícil e da observação de uma realidade que ele conhecia muito bem, veio a inspiração para *Oliver Twist*, seu romance mais famoso, publicado em 1838. No livro, Dickens conta parte de sua própria história, na figura do personagem Oliver, ao mesmo tempo em que denuncia a desumanidade das casas de trabalho que acolhiam as pessoas pobres na Londres de sua época.

As lembranças de infância também seriam ingrediente para uma série de outras obras que permeariam o campo das denúncias sociais, como *Barnaby Rudge* (1841), *Loja de antiguidades* (1840) e *Nicholas Nickelby* (1839) – que revolucionaria o sistema educacional britânico ao narrar as desventuras dos irmãos Nicholas e Catharina, confiados a seu tio, avaro e malvado.

De uma viagem para os EUA, onde também se decepcionou com as condições sociais, resultaram *Notas americanas* (1842), *Martin Chuzzlewit* (1844) e *Contos de Natal* (1848) – em que descreve sua revolta com a maneira com a qual a sociedade tratava os ingleses mais pobres. Dickens também viajaria nesta época à Europa Continental e chegaria a fundar e dirigir um jornal diário, o *Daily News*.

A combatividade de sua obra também pode ser percebida em *Assim são Dombey e filho* (1847), *A casa sombria* (1852) e *Tempos difíceis* (1854) – em que Dickens critica com mais intensidade as instituições inglesas e defende as camadas mais pobres da sociedade. Mas seria com *David Copperfield*, de 1849, que Dickens transporia as fronteiras da Inglaterra para ser conhecido internacionalmente. Este livro ficaria conhecido como a obra-prima de Dickens e marcaria o ápice de sua literatura denunciativa. A mensagem social presente em *David Copperfield* é passada muito mais por meio de um sentimento de revolta gerado pela descrição das privações e violências impostas ao personagem central do que por um discurso linear contra as injustiças do mundo.

Pelo lado nacional, a escolha obviamente recaiu em Machado de Assis e José de Alencar, baseada sobretudo na importância capital de cada um no desenvolvimento da Literatura e do Jornalismo no Brasil, conforme já explicitado anteriormente. Qualquer estudante de segundo grau é capaz de identificar essa importância capital, e as recomendações literárias não são menos óbvias.

De Machado, qualquer citação já seria um clássico. Por isso, não me alongarei muito. Suas obras são muito conhecidas e não há nenhuma análise ou juízo de valor que eu possa empreender cujos preceitos já não tenham sido explorados por algum crítico literário ou pesquisador acadêmico. Mas vale ressaltar, na humilde opinião do autor deste livro, a genialidade presente em *Memórias póstumas de Brás Cubas* (1881) e em *Dom Casmurro* (1899). A metáfora do defunto autor ou do autor defunto, presente na primeira obra, e a apaixonante Capitu, personagem principal da segunda, são a melhor porta para a literatura do autor. Mas ele também escreveu poesias, peças de teatro e contos magistrais, além de fundar a Academia Brasileira de Letras.

Outras recomendações não menos óbvias seriam, na ordem cronológica, os romances *Ressurreição* (1872), *A mão e a luva* (1874), *Helena* (1876), *Iaiá Garcia* (1878), *Quincas Borba* (1891), *Esaú e Jacó* (1904) e *Memorial de Aires* (1908). E para quem deseja se aprofundar na fortuna crítica sobre a prosa precisa e refinada de Machado, tida como paradigma de nossa língua, vale uma olhada nas teses defendidas pelo poeta Affonso Romano de Sant'Anna e pelo professor Roberto Schwarcz. Ambos são especialistas no autor e escreveram análises detalhadas e profundas.

Sobre José de Alencar, só me estenderei um pouco mais. Apenas alguns parágrafos acerca de determinadas obras e suas atividades. Para começo de conversa, ele iniciou sua carreira jornalística em 1850, colaborando no *Jornal do Commercio* e no *Correio Mercantil*. Neste último, assinou, conforme já mencionado, a coluna "Ao correr da Pena", na qual publicou uma série de crônicas que retratavam o cotidiano da cidade. Em 1855, começou uma nova empreitada no *Diário do Rio de Janeiro*, onde se tornou editor-chefe e publicou, em folhetins, seu primeiro romance, *Cinco minutos*, também já mencionado neste capítulo.

Pouco depois, lançou *A viuvinha*, igualmente com a intenção de retratar um pouco o panorama social de sua época. A partir daí, assumiria de vez suas duas grandes paixões: a política e a Literatura. Em 1857, Alencar estrearia como autor de teatro com a peça *Verso e reverso*, em que focalizava o Rio de Janeiro do século XIX.

Por suas concepções muito peculiares da realidade de seu tempo, José de Alencar ainda enfrentaria inúmeras polêmicas acerca de seus romances e peças. Em 1858, a peça *As asas de um anjo* seria proibida pela censura apenas três dias após a estreia. Decepcionado com a situação, chegou a afirmar que abandonaria a Literatura para dedicar-se exclusivamente à advocacia. Mas é claro que isso não aconteceu.

Os romances *O guarani* (1857), *Lucíola* (1862) e *Iracema* (1865) figuram em qualquer lista de clássicos da Literatura Brasileira. Por abranger temas urbanos, regionalistas, indianistas e históricos, seu vasto conjunto de obras contribuiu para a criação de uma identidade nacional e ajudou a traçar um retrato do país e de toda uma época.

NOTAS

1. Capítulo I do Gênesis.
2. Esta história fará parte de um livro de contos que estou escrevendo. Nele, pretendo criar cinquenta pequenas narrativas sobre o Jornalismo e os jornalistas.
3. Felipe Pena, Teoria do jornalismo, São Paulo, Contexto, 2005.
4. César Aguillera Castilho, "Comunicação e informação antes da impressão", em Alejandro Pizarroso Quintero (org.), História da imprensa, Lisboa, Planeta, 1996, p.17.
5. Idem, p. 14.
6. Peter Burke e Asa Briggs, Uma história social da mídia, Rio de Janeiro, Jorge Zahar, 2002, p. 38.
7. Idem, p. 39.
8. Bill Kovach e Tom Rosenstiel, Os elementos do jornalismo, São Paulo, Geração, 2003, p. 37.
9. Helena de Souza Freitas, Jornalismo e literatura: inimigos ou amantes, Setúbal, Peregrinação, 2002, p. 118.
10. Albert Chilón, Literatura y periodismo, Barcelona, Aldeia Global, 1999, p. 91.
11. Todos os textos sobre autores foram escritos por minhas colaboradoras Thais Crist e Suzana Menezes e devidamente revisados por mim.

CAPÍTULO III

A crítica literária

*Um clássico é algo que todo mundo
gostaria de ter lido e ninguém quer ler*
Mark Twain

*Meu conceito de jardim determina
o que é praga ao redor de mim.*
Affonso Romano de Sant'Anna

No século IV a.C., os gregos utilizavam a palavra *kritikós* com o significado de "juiz de literatura". Ponto final. Não preciso avançar mais na explicação. A primeira frase já engloba o conceito. O que acha?

Espero que você não concorde, porque não é tão simples assim. A ação crítica é muito mais complexa. Envolve juízo de valores, moral, contexto, momento histórico e outros componentes difíceis de avaliar.

O crítico exerce uma atividade que influencia a sociedade e a própria construção das obras literárias. É verdade que, em alguns casos, seu trabalho é ignorado pelo público, cujo gosto pode entrar em conflito com as "opiniões especializadas", conforme o clássico exemplo do escritor mais vendido do Brasil, o mago Paulo Coelho. Entretanto, quando falamos na construção de uma Literatura nacional ou universal, estamos quase sempre seguindo os parâmetros produzidos por críticos avalizados. Eles acabam determinando o que será classificado como cânone, ou seja, uma obra que permanecerá na história cultural.

Atualmente, podemos identificar dois tipos diferentes de crítica literária. Uma delas é produzida na universidade por professores, intelectuais e estudantes de mestrado e doutorado em Letras. Em casos específicos, estende-se a áreas afins, como Psicologia, Comunicação, História, Antropologia e Ciências Sociais. Já a outra está inscrita diariamente nas páginas de jornais, revistas e demais publicações midiáticas. Pode ser exercida tanto por jornalistas como pelos próprios integrantes do ambiente universitário, mas também está aberta a profissionais com visibilidade na opinião pública, tais como músicos, atores e políticos. Estes arriscam-se até a virar escritores, contando com o apoio da máquina de propaganda em torno de seus nomes. O compositor Chico Buarque já ganhou o prêmio Jabuti, enquanto o ex-presidente José Sarney teve obras publicadas em diversos países.

Na universidade, a crítica acaba se voltando mais para o ensaio do que propriamente para o juízo de valor. Há uma tendência em valorizar a interpretação, pois os próprios estudantes ficam limitados pelas normas acadêmicas, que recomendam evitar os adjetivos e aplicar uma metodologia supostamente científica. Todavia, as escolhas dos objetos de pesquisa já são elas mesmas uma valoração crítica. As opções verificadas em teses e dissertações refletem o gosto da Academia, que perpetua os cânones e incorpora novos discursos e autores quando concorda com seus preceitos estéticos.

Na imprensa, a situação não é muito diferente – embora existam outras influências para determinar as escolhas. Até a metade do século passado, a crítica literária em jornais era exercida com rigor e, de fato, fazia juízos de valor. Hoje em dia, no entanto, prevalecem as resenhas, que não julgam, mas apenas analisam as obras e exaltam suas qualidades. Em parte, isso acontece porque as editoras que dominam o mercado têm esquemas de *marketing* muito fortes, contudo também ocorre pela falta de críticos instrumentados e pela completa inapetência dos bons escritores para divulgar seus livros.

Se o sujeito escreve bem, mas não está ancorado em uma grande editora, acaba esquecido pela mídia. E, pior, não batalha para ser lembrado. Há um grande preconceito em lutar pela própria obra. O escritor acredita que trabalhar pela divulgação significa rebaixar o próprio texto. E a imprensa, por sua vez, olha com desconfiança para os autores que ligam para as redações pedindo para serem criticados. É o grande ciclo da ignorância literária, que relega autores de talento ao mais completo anonimato, enquanto outros, nem tão talentosos, são conhecidos do grande público e frequentam as listas dos mais vendidos.

A crítica é também um ato de criação. Para muitos, ela é Literatura mesmo. O crítico produz um discurso artístico na medida em que articula conceitos e sensibilidades. Ele trabalha com a racionalidade, mas também utiliza a intuição. Seu principal objetivo é buscar o motivo de existência da obra, formulando o que os gregos chamavam de juízo axiológico. A palavra *axios* indica aquilo que é digno de ser admirado. Então, a axiologia é a ciência da apreciação e da admiração. Porém, ao estimar uma obra, o crítico deve explicar o seu valor, mostrando as virtudes e os defeitos.

Para o professor Fábio Lucas, em *Literatura e comunicação na era eletrônica* (2001), a crítica tem três componentes básicos: análise, interpretação e julgamento. O primeiro refere-se aos métodos utilizados para apreciar a obra. São os instrumentos para identificar suas qualidades e seus problemas. Eles podem ser linguísticos, antropológicos, psicológicos etc. Cada um deles dá uma dimensão específica ao objeto analisado. Ao longo do tempo, essa diversidade de instrumentos determinou a criação de diferentes escolas críticas. Formalismo, estruturalismo e *new criticism*, por exemplo, são essencialmente procedimentos analíticos.

A interpretação é o segundo componente da crítica. Ela utiliza os instrumentos para atribuir significados à obra. Como lembra o professor Lucas, há uma longa tradição interpretativa na cultura ocidental, que é chamada de hermenêutica. Há interpretações jurídicas (jurisprudência), bíblicas (diferentes religiões), médicas (mesmos sintomas para diferentes doenças) etc. Todas trabalham com a significação e variam conforme os métodos de análise e as influências culturais, históricas e sociais.

Por último, o julgamento. Para muitos, uma boa interpretação já é um juízo de valor. Mas, segundo Fábio Lucas, ainda não é crítica, apenas explicação. O julgamento, então, faz a valoração e orienta a opinião do público, que pode ou não concordar, fazendo uma nova leitura do texto. Nesse sentido, os próprios críticos são passíveis de julgamento.

Nas últimas décadas, a crítica vem atribuindo demasiado valor à forma literária, deixando o conteúdo de fora das análises. O que também não é tão novo assim, basta lembrar a importância atribuída à estética e à retórica no período clássico. Valoriza-se a Literatura com enfoque apenas na linguagem, já que o enredo é considerado como fruto da experiência e não propriamente como construção artística.

A palavra crítica está etimologicamente ligada ao vocábulo crise, cujo significado é associado a mudanças bruscas, tensão e desordem. Entretanto, o ideograma chinês que a identifica tem um outro sinônimo, muito mais adequado:

Oportunidade.

OS CADERNOS LITERÁRIOS NA IMPRENSA

No século XIX, conforme vimos no capítulo anterior, "A literatura na história do jornalismo", os jornais estavam muito próximos da Literatura. Primeiro por causa da linguagem utilizada e, segundo, pela enorme presença de escritores na imprensa, seja como editores, repórteres e cronistas, seja como autores dos folhetins, narrativas romanescas cujos capítulos eram publicados nos periódicos e atraíam um grande número de leitores.

A partir da virada do século, no entanto, essa presença começa a diminuir sensivelmente. Na década de 1950, com as transformações estilísticas e gráficas dos jornais, a mudança já está consolidada. A objetividade e a concisão substituem as belas narrativas. A preocupação com a novidade e os *fait divers* assume a função principal na pauta. A Literatura é apenas um suplemento.

É com essa lógica que surgem os cadernos literários na imprensa. Suplementar significa ampliar, adicionar, complementar. Portanto, não se refere a nada que seja essencial. Os suplementos têm a função de acrescentar alguma coisa aos jornais, mas devem seguir incondicionalmente as características da imprensa moderna. Ou seja, não só estão submetidos a regras básicas do discurso jornalístico (clareza, concisão e objetividade), como têm na venda seu objetivo primordial.

No caso da Literatura, isso significa que os lançamentos terão lugar de destaque, pois estão inseridos na lógica de um valor-notícia fundamental, que é o da novidade. Mas também há outros aspectos muito valorizados, como, por exemplo, o culto às celebridades e aos assuntos inusitados. Assim, qualquer personalidade que escreva um livro (músicos, políticos, atores etc.) tem lugar garantido nas páginas dos suplementos, da mesma forma que os títulos referentes a escândalos ou revelações bombásticas.

Há uma tendência em acompanhar os lançamentos do mercado editorial, que, por sua vez, também se preocupa em lançar obras que se enquadrem na lógica jornalística para ter espaço na mídia. Mas esse ciclo vicioso tem exceções. Os editores mais esclarecidos, tanto nos jornais quanto nos livros, conseguem manter algum equilíbrio entre a qualidade e o consumo.

Aliás, concatenar qualidade estilística e quantidade de vendas vem a ser o sonho de todos os editores e, obviamente, dos escritores. É o famoso sucesso de público e crítica. Entretanto, é cada vez mais difícil saber quem são os legitimadores de tal equilíbrio. Quem escreve nos suplementos nem sempre tem a formação adequada para opinar. E mesmo os que a têm, podem acabar enquadrados por seus próprios preconceitos e estereótipos.

O fato é que os cadernos literários abrigam um leque de colaboradores extremamente eclético. Há jornalistas, intelectuais, escritores, professores universitários, mestrandos, doutorandos, psicanalistas e uma infinidade de outras categorias, com expectativas e critérios diferenciados.

Nas revistas especializadas há uma proximidade maior com a crítica acadêmica, mas elas não são suplementos. Mesmo na França e na Inglaterra, países de maior tradição literária, a lógica jornalística acaba prevalecendo, embora determinadas publicações ainda consigam chegar perto do tão almejado equilíbrio.

No *Le Monde*, por exemplo, fundado em 1944, o caderno "Le Monde des livres" começou a sair em fevereiro de 1967. O jornal é influente e tem credibilidade. Nas palavras de Pierre Bordieu, alia *news* (notícia) e *views* (pontos de vista), proporcionando análises contextualizadas a partir de informações bem apuradas. O também francês *Libération*, criado em 1977, mantém outro importante suplemento, "*Les livres*", cuja primeira edição saiu em 1988, com artigos de nomes conhecidos, como Miguel Torga, John Updike e Heidegger.

O inglês *The Times* publica o centenário "The Times Literary Supplement" e também concentra articulistas famosos. Por suas páginas passaram Virginia Woolf, Charles Morgan e J. R. R. Tolkien, entre outros. Em suas mais de cinco mil edições, o jornal sempre manteve um alto nível de reflexão, conquanto a opção pelas estrelas literárias denuncie a óbvia e necessária preocupação com as vendas.

A posição híbrida de crítico e autor, entretanto, nem sempre é muito confortável. No Brasil, o professor Silviano Santiago costuma ter suas obras classificadas como romances de crítico, da mesma forma que José Castello, cujo principal temor é ser encarado com preconceito por seus pares, os próprios críticos. Curiosamente, o crítico, professor e escritor Affonso Romano de Sant'Anna não tem esse tipo de problema. Talvez porque se dedique à poesia, embora tal explicação não me pareça convincente.

É importante, todavia, registrar que a colaboração nos suplementos literários também é sintoma de prestígio e reconhecimento intelectual. Tanto que muitos dos resenhistas nem sequer são pagos pelo trabalho. Ter o nome veiculado nas páginas dos jornais legitima tanto os autores quanto os críticos, abrindo espaço não só nas principais editoras, mas até mesmo em outras carreiras, como a política e o próprio Jornalismo.

Em Portugal, José Cardoso Pires, chamado por Inês Pedrosa de "o escritor de vida dupla",[1] defende sua posição ao afirmar que "um crítico que não tenha um sedimento profundo de ficcionista ou de poeta nunca pode entender um bom romance".[2] Mas é contestado por seu conterrâneo, Fernando Venâncio, para quem o acúmulo de papéis é prejudicial, "pois o crítico corre o risco de ser demasiado compreensivo para com os autores."

Ainda na terra de Camões, vale mencionar alguns importantes suplementos, como o "DN Jovem", criado em maio de 1983 no *Diário de Notícias*; o "Mil Folhas", do jornal *Público*; e o "Livros e Autores", do *Diário de Lisboa*. E há também as revistas especializadas, como a *Ler* e o *Jornal de Letras, Artes e Ideias*.

No Brasil, os principais suplementos não trazem a palavra *livro* em seus títulos. Na *Folha de S.Paulo*, por exemplo, o caderno "Mais!" foi criado em 1992 como um agrupamento de várias editorias, entre elas as de ciências, cultura e livros. Publicado aos domingos, o "Mais!" mistura resenhas, crônicas, artigos científicos e fórum de opiniões sobre assuntos do cotidiano. Sua tiragem ultrapassa os seiscentos mil exemplares.

O *Jornal do Brasil*, por sua vez, edita aos sábados o caderno "Ideias", que foi criado em 1986. O centenário *JB* enfrenta uma crise financeira há muitos anos e sua tiragem, de 170 mil exemplares em 1992, hoje não passa dos 60 mil. Na virada do século, logo após ser vendido para o empresário Nelson Tanure, houve uma grande reformulação. Muitos jornalistas foram demitidos e, no lugar deles, foram feitos contratos na forma de pessoa jurídica com outros profissionais. Alguns mudaram o regime de trabalho e permaneceram na redação. Atualmente, o "Ideias" é comandado pelo editor de Opinião, que acumula o trabalho de editorialista e tem apenas dois jornalistas em seus quadros. O conteúdo é basicamente constituído de resenhas escritas por acadêmicos ou jornalistas. Mas também há colunas informativas sobre lançamentos, feiras literárias e acontecimentos culturais, além do tradicional *box* "O que eles estão lendo" e da lista dos mais vendidos.

O caderno "Prosa e Verso", de *O Globo*, é o que tem o nome mais relacionado com Literatura, embora o conteúdo seja muito parecido com o do "Ideias". O suplemento foi criado no meio da década de 1990, e, durante muito tempo, manteve duas colunas de alto nível: as de Affonso Romano de Sant'Anna e Wilson Martins, este considerado o último crítico literário brasileiro. Em 2005, porém, ambos foram demitidos sob a alegação de contenção de despesas.

O jornal *O Estado de S. Paulo* não possui um suplemento literário propriamente dito, mas uma grande seção de livros. Entretanto, talvez seja o periódico com trato mais refinado e elaborado para a crítica, o que pode ser confirmado pela escolha dos resenhistas, geralmente especialistas nos assuntos tratados.

Há outros cadernos em importantes jornais brasileiros, mas os citados representam bem o eixo Rio-São Paulo, onde se concentra a maioria das editoras. O que pode ser observado, na comparação com os suplementos franceses, por exemplo, é que, no Brasil, todos são publicados nos finais de semana, ao passo que na França os cadernos literários saem em dias úteis. Para Isabel Travancas, isso significa que "diferentemente dos jornais brasileiros, os franceses inserem esses cadernos na rotina de trabalho e de estudo, enquanto os brasileiros privilegiam uma leitura mais descompromissada com o tempo e a relacionam ao lazer e ao ócio".[3]

Nesse caso, talvez eles estejam errados.
Ou não!?

ALGUNS AUTORES E OBRAS

Como critério para abordagem de autores neste capítulo, tentei escolher três críticos de diferentes escolas: um inglês, um americano e um brasileiro. Nota-se aqui que a experiência francesa foi deixada de lado apenas em parte, pois, na verdade, a tradição crítica brasileira é devedora da formação francófila.

Pela escola inglesa, escolhi o professor Terry Eagleton, que foi aluno do crítico literário marxista Raymond Williams e começou sua carreira estudando a Literatura dos séculos XIX e XX, posteriormente rumando para a teoria literária marxista, seguindo os passos de seu mestre.

Durante a década de 1960, Terry esteve envolvido com um grupo católico de tendências esquerdistas, o Slant.[4] Nesse período, escreveu inúmeros artigos de cunho teológico, além do livro *Towards a new left theology*, algo como *Para uma nova teologia esquerdista*, em português. A Teologia também tem lugar nas publicações recentes de Terry, dividindo espaço com sua outra vertente analítica: a Psicanálise. Terry tem fama de ser um dos principais advogados dos trabalhos do estudioso Slavoj Zizek sobre o assunto.

O livro mais conhecido do autor intitula-se *Literary theory: an introduction* e traça a história do estudo contemporâneo do texto em si, dos românticos do século XIX aos pós-modernistas das últimas décadas. Ao mesmo tempo em que os pensamentos de Terry se firmam na tradição marxista, ele não se mostra avesso à desconstrução crítica (ou "desconstrucionismo", como chamam os que se opõem a essa doutrina).

O marxismo em Terry Eagleton mostra-se longe de ser meramente objeto de interesse e estudo teóricos, fato que pode ser facilmente observado em seus ensaios, principalmente em um que surgiu sob o título de *The Gatekeeper*. Além disso, o crítico era figura ativa em organizações marxistas (com participação notável na Workers Socialist League, de Alan Thornett) enquanto esteve em Oxford.

Em seu trabalho mais recente, o livro *After Theory*, Terry Eagleton acusa as atuais teorias culturais e literárias do que ele chama de "bastardização" de ambas. Todavia, não asseverou que o estudo de Literatura e cultura como vem sendo feito (de forma interdisciplinar) é, sob o aspecto teórico, totalmente sem méritos. Para o crítico, algo tão difuso ainda pode "servir" para cobrir um largo leque de tópicos importantes.

Na crítica americana, não há ninguém mais representativo do que Harold Bloom. Bloom vê no crítico canadense Northrop Frye tudo o que precede sua entrada efetiva no mundo da crítica. Conforme afirmou em 1986 para Salusinzky: "Em termos de teorizações próprias [...] o precursor tem que ser Northrop Frye. Eu adquiri e li *Fearful symmetry* uma semana ou duas antes de chegar às livrarias de Ithaca. Simplesmente arrebatou meu coração. Já tentei encontrar um 'pai alternativo' no sr. Burke (Kenneth Burke), que é um colega charmoso e um poderoso crítico, mas eu não sou do Burke... eu vim do Frye".

A carreira de Harold teve início quando o crítico saiu em defesa dos poetas românticos do início do século xix, lutando contra críticos neocristianizados, influenciados por escritores como T. S. Eliot. Sua abordagem era peculiar e interessante, como visto em seu primeiro livro, *Shelley's mythmaking*, em que acusou muitos críticos contemporâneos de displicência para com a leitura de Shelley. Depois de uma crise pessoal lá para o final da década de 1960, começou a se interessar por Ralph Waldo Emerson, Freud e pelas antigas tradições místicas do gnosticismo, como a Cabala, por exemplo. Algum tempo depois, viria a descrever-se como um "judeu gnóstico". Explica Bloom:

> Estou usando o gnosticismo de modo bem amplo. Eu não sou nada senão judeu... realmente um produto da cultura *yddish*, mas não posso entender um Javé, ou Deus, que fosse mesmo 'todo poderoso' deixar coisas como os campos de concentração nazistas ou a esquizofrenia existirem.

A partir daí, Harold escreveu uma série de livros cujo foco era a maneira como os poetas lutavam para criar sua visão poética individual, sem serem atropelados pela influência esmagadora dos poetas que os inspiraram a escrever. O primeiro deles chamou-se *Yeats*, um exame nada convencional de William Butler Yeats, que desafiava a visão crítica usual da carreira do poeta. Na introdução desse volume, Bloom define os princípios básicos de sua nova abordagem do criticismo: "A influência poética, como a concebo, é uma variedade da melancolia ou do princípio da ansiedade (freudiano)". Um novo poeta é inspirado a escrever porque leu e admirou a poesia de poetas anteriores, o que se converte em ressentimento quando o recém-conquistado por essa arte percebe que tudo o que quer dizer já foi expresso pelo poeta a quem idolatrava.

Para superar esse obstáculo psicológico, o novo poeta deve convencer-se de que os poetas anteriores erraram em algum lugar e também falharam em sua visão, deixando, assim, a porta aberta para que se adicione algo a toda essa tradição. Mas o amor do novo poeta por seus heróis acaba transformando-os em seus próprios vilões, descarregando antagonismo nas obras anteriormente veneradas. Segundo Bloom, em *Map of misreadind*, essa transformação que cruza a linha entre amor e ódio é necessária, pois "sem ela, a individualização [do novo poeta] não seria possível".

Em 1967, começaram os trabalhos pelo que viria a se tornar *The anxiety of influence*, a demarcação da nova doutrina de Bloom em uma estrutura sistemática. O autor traçava o processo psicológico pelo qual um poeta se tornava livre de seus precursores até alcançar sua própria visão poética. Ele desenhou uma afiada distinção entre o que chamava de "*strong poets*" ("poetas fortes"), que apresentavam "*strong misreadings*" ("más interpretações") de seus precursores; e "*weak poets*" ("poetas fracos"), que simplesmente repetiam as ideias dos poetas anteriores.

Sua obra posterior, *A map of misreading*, começa onde *The anxiety of influence* havia deixado a desejar. Foram ajustes no sistema de Bloom. Em *Kaballah and criticism*, o crítico tenta evocar o sistema interpretativo esotérico da cabala lurianica como um novo caminho para se mapear a influência poética. *Figures of capable imagination* veio como subproduto dessa série de volumes sobre influência e pode, no mínimo, ser considerado curioso. Esse período de intensa criatividade de Bloom fechou-se com outra monografia: um estudo completo sobre Wallace Stevens, poeta com quem Harold disse mais se identificar nesse estágio de sua carreira.

David Lindsay definitivamente fisgou o coração de Bloom. Entretanto, antes que tal afirmativa cause algum mal-entendido, basta dizer que seu mais famoso livro (o romance filosófico *A voyage to Arcturus*) fez com que Harold largasse o criticismo para escrever uma sequência do volume, dando origem a *The flight to Lucifer*. Esse foi o único pedaço de ficção na obra de Bloom, que renegou o volume pouco tempo depois de lançá-lo e nunca mais quis saber de fantasia, mesmo recebendo críticas positivas.

O trabalho de Harold Bloom começou a se tornar mais popular quando uma miscelânea de ensaios se tornou uma série, iniciada com *The Book of J* (escrito em conjunto com David Rosenberg, em 1990). Nesse volume, Bloom sustenta que os documentos ancestrais que formam a base dos cinco primeiros livros da Bíblia eram obra de um grande artista literário, que não tinha nenhuma intenção de compor um trabalho religioso dogmatizante. Disse ainda que esse escritor anônimo era, na verdade, uma mulher ligada à corte dos sucessores dos reis israelitas Davi e Salomão – uma especulação que chamou muita atenção. E não parou por aí; posteriormente, Harold afirmou não ter ido longe o bastante, pois deveria ter identificado "*J*" como Bathsheba (que, na Bíblia, era esposa de Davi e mãe de Salomão).

Em *The american religion*, Bloom examinou as maiores variedades das crenças religiosas protestantes e pós-protestantismo nos Estados Unidos, defendendo a ideia de que essas teriam mais em comum com o gnosticismo do que com o cristianismo histórico (no que diz respeito ao efeito psicológico que exerciam em quem as aderia).

Em 1994, foi publicado *The western canon*, em que o autor atacava explicitamente o crescimento dos estudos literários ideologicamente influenciados entre os críticos acadêmicos. O livro continha uma lista – aliás, o que mais despertou o interesse dos leitores – de todos os trabalhos ocidentais, da Antiguidade aos tempos presentes, considerados por Bloom como membros permanentes do cânon dos clássicos literários. A publicidade voraz em volta desse trabalho deu a Harold o *status* de celebridade, e não só no meio literário.

Pelo lado brasileiro, para fechar este item, relacionei o mais antigo crítico nacional vivo, o professor Antonio Candido, que ingressou no corpo docente da Faculdade de Filosofia da USP em 1942, como assistente do professor de sociologia Fernando de Azevedo, cargo em que permaneceu até 1958.

Após ser aprovado num concurso de Literatura Brasileira em 1945, Candido obteve o título de livre-docente com a tese *Introdução ao método crítico de Sílvio Romero*, até hoje um de seus livros mais famosos. Em 1954, concluiu o doutorado em Ciências Sociais com a tese *Os parceiros do rio Bonito*.

Também foi professor de Literatura Brasileira na Faculdade de Assis (hoje integrada à Universidade Estadual Paulista) entre 1958 e 1960. De 1964 a 1966, morou na capital francesa, onde foi professor associado de Literatura Brasileira na Universidade de Paris. Também lecionou como professor visitante de Literatura Brasileira e Comparada na Universidade de Yale, em 1968.

Candido coordenou o Instituto de Estudos da Linguagem da Universidade Estadual de Campinas, de 1976 a 1978. Em 1977, foi nomeado vice-presidente da Associação dos Docentes da Universidade de São Paulo. Hoje, é professor emérito da Faculdade de Filosofia da Universidade de São Paulo, da Faculdade de Ciências e Letras de Assis (da Universidade Estadual Paulista) e doutor *honoris causa* pela Universidade Estadual de Campinas.

Foi também crítico da revista *Clima* (de 1941 a 1944) e dos jornais *Folha da Manhã* (de 1943 a 1945) e *Diário de São Paulo* (de 1945 a 1947). Em todas essas publicações, manteve um rodapé semanal sob o título "Notas de crítica literária". De 1949 a 1950, presidiu a Associação Brasileira de Escritores na Seção de São Paulo. Em 1956, no jornal *O Estado de S. Paulo*, elaborou o plano do "Suplemento Literário"; e, de 1973 a 1974, foi um dos dirigentes da revista *Argumento*, proibida em seu quarto número pelo regime militar.

Entre suas inúmeras obras, adotadas nas principais faculdades de Letras do país, além das já citadas, estão os clássicos *Formação da literatura brasileira* (1959), *Tese e antítese* (1964), *Literatura e sociedade* (1965) e *A educação pela noite* (1987).

NOTAS

1. Helena de Souza Freitas, Jornalismo e literatura: inimigos ou amantes, Setúbal, Peregrinação, 2002, p. 112.
2. Idem.
3. Isabel Travancas, O livro no jornal, São Paulo, Ateliê, 2001, p. 38.
4. *Slant* era o título de um "jornal" católico associado à Universidade de Cambridge durante os anos 1960, também sendo usado para denominar o grupo associado a esse jornal. O grupo combinava a fé católica com tendências políticas de esquerda, tendo influências de Wittgenstein e Marx. Além de Eagleton, faziam parte do grupo Hebert McCabe e Denys Turner.

CAPÍTULO IV

O Novo Jornalismo

A arte é longa, a vida é curta, e o sucesso fica longe demais.
Joseph Conrad

Na segunda respiração da vida, a atmosfera é mais querida.
Jack Kerouac

Huuuuuuuummmmmmmmmm!!!!!! Sempre quis começar um capítulo com essa prolongada e óbvia interjeição. Bem ao estilo do jornalismo literário americano, o *New Journalism*, ou o Novo Jornalismo. O manifesto do gênero foi escrito por Tom Wolfe em 1973, quando eu tinha apenas 2 anos, mas, desde que passei a me interessar por Jornalismo, esse jeito de narrar histórias me fascina. Aliás, uma outra forma adequada de começar o texto seria descrever o próprio Wolfe, que esteve no Brasil durante a Bienal Internacional do Livro, no Rio de Janeiro, em 2005, para lançar sua obra mais recente, *Eu sou Charlotte Simmons*.

Imagine os dois mil lugares do auditório do Riocentro completamente ocupados. Pois é: não estavam. A recepção para a estrela do evento foi apática, fria mesmo. Um nocaute no ego do escritor. O público preferiu celebridades literárias instantâneas, o "miojo" do mercado editorial, como o Jean, do *Big Brother Brasil*, por exemplo. Ele sim, conseguiu auditório lotado, fila de autógrafos e gritos de histeria. Para o fundador do Jornalismo Literário contemporâneo, sobrou a admiração de um pequeno grupo de fãs, além da reverência dos editores brasileiros.

Wolfe chegou ao auditório na carona de um pequeno carrinho de golfe. Vestia o tradicional terno branco de linho, estilo de roupa que usa há mais de quarenta anos e é sua marca registrada. Na cabeça, o indefectível chapéu panamá. Nas mãos, o exemplar brasileiro de seu último livro. A gravata em tom de rosa mantinha uma combinação antiquada com o lenço da mesma cor que escorregava do bolso superior do paletó. E ainda havia o sapato branco de bico fino e solado de madeira, cujo ruído era abafado pelo carpete do auditório durante as lentas passadas do autor rumo ao palco.

O editor Paulo Rocco apresentou a estrela, umas das mais importantes de seu catálogo bibliográfico. O que não é pouca coisa, pois é ele quem edita o Paulo Coelho. Chuuuuaáááá!!! Tchibuuuummmmm!!! Abracadabra!!! "O universo conspira a favor de nossa lenda pessoal." Nunca vou esquecer as palavras do mago. Acho que já encontrei minha alma gêmea, mas ainda estou em busca do alquimista que vai me transformar em um *best-seller*. Mas disso o Tom Wolfe também entende. Já vendeu milhões de livros em todo mundo. O cara é bom. Melhor prestar atenção na palestra.

As primeiras palavras são acerca do romance realista. Ele se compara a Balzac, o que não é muito modesto, mas também não é inesperado. Fala sobre sua formação intelectual, o doutorado em Estudos Americanos em 1957, o trabalho na imprensa e as origens do Novo Jornalismo. Enfim chega onde eu quero.

Na verdade, Wolfe não é o precursor do estilo. Segundo o professor Carlos Rogé, o termo Novo Jornalismo apareceu pela primeira vez em 1887, mas foi usado de forma jocosa para desqualificar o britânico WT Stead, editor da *Pall Mall Gazette*. Ele era um repórter engajado nas lutas sociais, recriava a atmosfera das entrevistas em seus textos e fazia matérias participativas. Em uma delas, "comprou" uma menina de 13 anos da própria mãe para denunciar a prostituição infantil – o que lhe custou dois meses de cadeia. Considerado inconsequente por seus adversários, recebeu a alcunha de novo jornalista, cujo significado mais aproximado era o de "cabeça oca" ou "cérebro de passarinho". Bem diferente do conceito atual.

Para voltar ainda mais no tempo, vale lembrar que alguns historiadores consideram Daniel Defoe o primeiro jornalista literário moderno. Ele era um influente editor no começo do século XVIII, escrevendo panfletos, ensaios e crônicas na revista *Review*, de 1704 a 1713. Ficou conhecido por seus romances, como *Robinson Crusoé* (1719) e *Moll Flanders* (1722), mas foi em 1725, por uma série de reportagens policiais em que misturou Literatura e Jornalismo, utilizando as técnicas narrativas de seus romances para tratar de fatos reais, que começou a atuar na imprensa. Três anos antes, também já havia publicado *Diário do ano da peste*, que reconstitui a epidemia de peste bubônica em Londres no ano de 1665, embora esse texto tenha uma abordagem mais histórica do que factual.

No século XX, antes do manifesto de Wolf, já há escritores que antecipam o gênero. O mais significativo deles talvez seja John Hersey, autor do célebre *Hiroshima* (1946), que utilizou uma narrativa romanceada para escrever um livro jornalístico, cujo objetivo era descrever a tragédia atômica por intermédio dos pontos de vista de seis personagens reais, sobreviventes da bomba. Hersey parte de fatos autênticos para reconstruir cenas e explorar as emoções dos personagens, apresentando diálogos interiores de forma novelística. Antes da edição em livro, *Hiroshima* foi publicado em uma edição única da *The New Yorker*, em 31 de agosto de 1946.

A mesma estratégia foi utilizada 19 anos depois por Truman Capote no livro *A sangue frio*, cujo enredo conta a história de dois bandidos que assassinaram uma família em uma zona rural do Kansas, nos Estados Unidos. A obra também saiu nas páginas da *The New Yorker* antes de ser publicada em livro. Assim como Hersey, Capote recriou diálogos interiores e reconstruiu a atmosfera de cada cena. Só a pesquisa para o livro durou cinco anos. Mas o autor não gostava de chamar o seu trabalho de Jornalismo. Preferia o termo "romance de não ficção". Entretanto, segundo Wolfe, o sucesso de *A sangue frio* deu muita força para o movimento que ele estava criando.

O que vai proporcionar o advento do Novo Jornalismo contemporâneo na década de 1960, nos Estados Unidos, é a insatisfação de muitos profissionais da imprensa com as regras de objetividade do texto jornalístico, expressas na famosa figura do *lead*, uma prisão narrativa que recomenda começar a matéria respondendo às perguntas básicas do leitor. Wolfe logo percebe essa insatisfação e seus primeiros ataques são contra o maior representante da suposta "cientificidade" dos jornais, o colunista do *Times* Walter Lippmann, a quem chamou de vendedor de roncos, uma crítica ácida ao estilo pasteurizado de seu texto:

> As colunas de jornal tinham passado a ser um exemplo clássico da teoria de que as organizações promovem as pessoas aos seus próprios níveis de incompetência. A prática normal era dar ao sujeito uma coluna como prêmio por grandes serviços prestados como repórter. Dessa maneira, podiam perder um bom repórter e ganhar um mau escritor. O arquétipo do colunista de jornal era Walter Lippmann. Durante 35 anos, Lippmann parecia não fazer nada além de ingerir o *Times* todas as manhãs, ruminá-lo ponderosamente durante alguns dias e depois metodicamente defecá-lo na forma de uma gota de papa na testa de diversas centenas de milhares de leitores de outros jornais nos dias seguintes.[1]

A ideia básica do Novo Jornalismo americano, ainda nas palavras de Wolfe, é evitar o aborrecido tom bege pálido dos relatórios que caracteriza a tal "imprensa objetiva". Os repórteres devem seguir o caminho inverso e serem mais subjetivos. Não precisam ter a personalidade apagada e assumir a encarnação de um chato de pensamento prosaico e escravo do manual de redação. O texto deve ter valor estético, valendo-se sempre de técnicas literárias. É possível abusar das interjeições, dos itálicos e da sucessão de pontuações. Uma exclamação, por exemplo, pode vir após uma interrogação para expressar uma pergunta incisiva. Por que não?!

Apesar do já citado manifesto, escrito em 1973, o próprio Wolfe admite que o movimento se organizou movido muito mais pelo instinto do que em torno de uma teoria. Mesmo assim, ele deixou registrados quatro recursos básicos do Novo Jornalismo:

- Reconstruir a história cena a cena.
- Registrar diálogos completos.
- Apresentar as cenas pelos pontos de vista de diferentes personagens.
- Registrar hábitos, roupas, gestos e outras características simbólicas do personagem.

Mas não é tão fácil assim. Não pense que basta aplicar os recursos para se tornar um jornalista literário. Principalmente porque você só conseguirá aplicá-los se for um repórter extremamente engajado, entrevistando com exaustão cada um de seus personagens até arrancar tudo que puder com o máximo de profundidade possível. Para isso, é preciso passar vários dias com as pessoas sobre as quais vai escrever. E, no momento de mostrar os diversos pontos de vista, sua capacidade de descrição deve superar os melhores romances realistas. Mas lembre-se de que você está trabalhando com um texto de não ficção.

O detalhamento do ambiente, as expressões faciais, os costumes e todas as outras descrições só farão sentido se o repórter souber lidar com os símbolos. Se puder atribuir significados a eles e, mais importante ainda, se tiver a sensibilidade para projetar a ressignificação feita pelo leitor.

Tom Wolfe dá um ótimo exemplo dessa capacidade quando refere-se à descrição de bebedeiras. O bom escritor não tenta descrever a bebedeira em si, mas conta com o fato de o leitor já ter estado bêbado em algum momento da vida. A partir daí, vai ambientando a cena e proporcionando a ele, leitor, uma comparação entre o que está sendo narrado e sua própria experiência pessoal. A memória tratará de aflorar as sensações.

Se, porém, você não conseguir fazer nada disso ou simplesmente não entender uma linha do que eu escrevi, não há com o que se preocupar. Procure um grande jornal diário e terá muitas chances de se tornar editor. Basta manter a linguagem objetiva, os *leads* e a disciplina incolor de seus subordinados.

Por último, volto à palestra de Tom Wolfe no Riocentro a fim de terminar essa pequena conceituação. Lembro da última pergunta da plateia, feita por mim, com o auditório quase vazio, mas ainda iluminado por algumas câmeras de TV e *flashes* de fotógrafos. O autor está no palco, diante de um púlpito em que se vê o logo da Bienal do Livro. A oleosidade da testa longa é ainda mais perceptível por causa da alta temperatura e do reflexo da luz. O terno começa a ficar umedecido. O lenço rosa sumiu do bolso do paletó. O corpo magro, de quase 1,80 m, parece se curvar pelo cansaço. As mãos enrugadas tremem ao segurar o copo de água, as pálpebras descem pelos olhos cansados e a voz já não tem a firmeza do início do discurso.

– Mr. Wolfe, o Novo Jornalismo envelheceu?

Como se bebesse o ácido do refresco elétrico, sua resposta é altiva e prolonga-se por mais de meia hora. "Balzac ainda é jovem." "O

realismo é perene." "O bom texto sobrevive." "Etc." "Etc." "Etc." Muitas etcéteras pelo caminho! Sleeeeppppp!!!!! Slaaaaaapppppp!!!!! Tapas no ego. Tchibuuummmm!!!! Mergulho em apneia estilística! Quem esse narrador pensa que é?
 Fui!!!

A VERTENTE GONZO

 Se você gosta de Jornalismo, já desistiu de ler este livro. Minha narrativa é careta demais, não tem a rebeldia dos escritores que inventaram o estilo. Não há palavrões. Não há idiossincrasias suficientes. O autor não faz muitas intervenções. E, principalmente, escolhe essas frases comportadas com gosto de água benta. Onde está a "porraloquice"? Onde estão os colhões da linguagem?
 Foi mal, galera. "Sacumé"? Sou professor de universidade federal, tenho que manter a pose. Confesso que meu estilo é muito mauricinho para os padrões do gonzo, mas o objetivo aqui é tentar explicar academicamente (*pero no mucho*) algumas das tendências do Jornalismo Literário em geral. O público é amplo e irrestrito, mas o alvo mesmo são aqueles que nunca travaram contato com os conceitos. Por isso, tentarei ser didático, já que minha proposta é fazer uma introdução. A partir dela, o novo leitor pode aprofundar seus conhecimentos. Depois, quem sabe, ele volte de suas pesquisas e queime estas páginas.
 Vamos pelo começo, então. O Jornalismo Gonzo é uma versão mais radical do *New Journalism*. Ele foi criado e popularizado por Hunter S. Thompson, um excêntrico e brilhante repórter da revista *Rolling Stone*, que se suicidou em fevereiro de 2005. Pode-se dizer que ele levou até as últimas gotas de sangue o seu estilo de reportagem, caracterizado por um envolvimento pessoal com a ação que estava descrevendo, sem medir as consequências, por mais perigosas que fossem.
 Só para ter uma ideia, Hunter defendia a noção de que era preciso provocar o entrevistado para que a reportagem rendesse. Ele recomendava que o jornalista respirasse fundo, e em seguida xingasse o interlocutor. Não importava a ofensa, e sim a reação, que deveria ser

a mais exacerbada possível. Fez isso com os motoqueiros do Hell's Angels, com quem conviveu por um ano e meio, e tomou uma surra antológica. Mas a matéria ficou excepcional. Aliás, virou tema de um dos melhores livros dele. Não importa que o cara tenha parado no hospital.

Claro que junto com tudo isso vinha uma sucessão de drogas, *rock'n roll* e muito sarcasmo. Era uma verdadeira escalada de ataques com *spray* de pimenta, viagens alucinadas, bebedeiras descontroladas e psicotrópicos. É preciso viver as reportagens para poder relatá-las.

Mas de onde vem o nome gonzo? De uma invenção de Thompson. Em 1971, ele fazia a cobertura da *Mint 400*, uma corrida de motos no deserto de Nevada, para a revista *Sports Illustrated*. Como vivia entrando em roubadas, adotou um pseudônimo, Raoul Duke, e chamou um advogado para acompanhá-lo na viagem, apelidado por ele de Doutor Gonzo. Só que o sujeito era ainda mais maluco que o repórter e também ficou famoso.

O artigo acabou não saindo pela revista esportiva e foi comprado pela *Rolling Stone*, que o publicou em duas edições. O sucesso foi tão grande que saiu em livro, sob o título de *Fear and loathing in Las Vegas: a savage journey to the heart of the american dream*. E depois virou filme, *Medo e delírio*, estrelado por Terry Gilliam, Johnny Depp e Benício Del Toro.

Hunter S. Thompson tornou-se ícone da contracultura norte-americana. E o *Gonzo Journalism* espalhou-se por inúmeras revistas: *Playboy, Rolling Stone, San Francisco Chronicle, Esquire, Vanity Fair* etc.

Entendeu? Se a resposta for negativa, fique com uma definição mais conservadora que circula pela Academia: Jornalismo Gonzo consiste no envolvimento profundo e pessoal do autor no processo da elaboração da matéria. Não se procura um personagem para a história; o autor é o próprio personagem. Tudo que for narrado é a partir da visão do jornalista. Irreverência, sarcasmo, exageros e opinião também são características do Jornalismo Gonzo. Na verdade, a principal característica dessa vertente é escancarar a questão da impossível isenção jornalística tanto cobrada, elogiada e sonhada pelos manuais de redação.

Melhor agora? Se estiver, você não deve ser tão apreciador do estilo assim. Eu prefiro as discussões que acontecem nas comunidades no

Orkut.[2] Há algumas dezenas dedicadas ao tema. Uma delas está inscrita com a seguinte definição de gonzo: "Inversão das possibilidades preestabelecidas no Jornalismo atual. Desmascarar o simulacro de realidade imposta pela grande mídia. Sintam-se à vontade, metam o pé no peito do Jornalismo convencional".

Mas o melhor mesmo são os comentários nos fóruns. Veja as respostas para a pergunta "o que é Jornalismo Gonzo":

> Humor ácido e espontâneo, que não poupa nem a si mesmo. As questões sociais levantadas (as críticas de Chris Simunek sobre o seu futuro profissional como "professor substituto" são ótimas). O poder descritivo (Thompson descreve muito bem os Hell's Angels). A "captação participativa", que é quando o repórter deixa de ser espectador e participa dos fatos.

• • •

> O melhor do Jornalismo Gonzo é, primeiro, a certeza de que a imparcialidade apregoada no jornalismo é uma farsa, segundo, como o próprio Hunter Thompson dizia, "o bom gonzo jornalista deveria ter o talento de um grande jornalista, o olho de um fotógrafo, e os colhões de um ator" sem falar da afinidade com o perigo... que o diga o repórter veterano Robert Fisk, que foi ferido com pedradas na cabeça, rosto e mãos durante o ataque realizado por um grupo de cerca de cem afegãos, no cumprimento de seu dever. Essa é uma das características do gonzo... a adrenalina.[3]

• • •

> A imersão profunda no assunto, a participação ativa, a osmose, como defende Czarnobai (2003). Além do mais, não tem aquela hipocrisia de narrar como se o repórter não estive interferindo.[4]

Um internauta deu até a definição do símbolo do gonzo:

> O símbolo vem de uma mão segurando uma flor de peyote. A flor do peyote eh (*sic*) a matéria-prima para mescalina, um dos aditivos preferidos do Dr. Gonzo. É claro a mão tem seis dedos, ou dois dedos polegares, que, segundo minhas leituras, vem da definição de que é um símbolo do *freak power*, que o apreciador do estilo gonzo tem, ou procura atingir.[5]

No Brasil, o estilo tem alguns adeptos em publicações específicas. Na revista *Trip*, há o repórter Arthur Veríssimo e, no mundo dos blogs e sites, o jornalista curitibano André Pugliesi, dono do portal www.jornalistademerda.org. Ele e seu fiel escudeiro, Rodrigo Abud, fazem relatos pitorescos de lugares inusitados. Exemplos: visitinhas a um cine pornô, a um baile de velhinhos solteiros, a um clube de *swing* e a uma luta de boxe *trash* amadora.

Todos, é claro, bebem na fonte de Hunter Thompson. Quando ele morreu, homenagearam o mestre com textos de despedida. Mas ninguém foi tão feliz quanto Matthew Shirts, que, em um artigo reproduzido no jornal *O Estado de S. Paulo* de 28 de fevereiro de 2005, escreveu que sua frase favorita sobre a morte do escritor foi riscada em giz no quadro negro de uma loja de bebidas em São Francisco. O autor sintetizou o espírito gonzo com uma homenagem simples, mas direta: "De luto pelo Hunter: 10% de desconto em todas as biritas fortes."

Em seu primeiro drinque no inferno, Thompson brindou ao comerciante e iniciou um novo livro. Nunca esteve tão à vontade.

O NOVO JORNALISMO NOVO

Não há nada mais velho do que o adjetivo *novo*. O homem classifica objetos, períodos históricos e ciclos vitais com esse adjetivo desde a segunda folha de parreira vestida por Adão no Paraíso, que certamente foi um presente de Eva. "Essa tanga tá velha meu amor, totalmente *démodé*. Bota essa aqui que é mais *fashion*", anunciou a mulher, enquanto a serpente degustava uma maçã transgênica no jardim reformado do Paraíso, com grama sintética e projeto paisagístico de Burle Marx.

Como diz a canção, o novo sempre vem. Se não fosse o gosto pela novidade, talvez nem existisse o Jornalismo. Mas chamar qualquer coisa de nova pressupõe fazer uma passagem, ultrapassar uma barreira, deixar uma outra coisa para trás. É uma opção política, feita a fim de marcar posição e se afirmar como diferença perante um grupo.[6]

Foi assim como o Novo Jornalismo, criado para se opor aos preceitos do "velho" Jornalismo objetivo. E é assim com o *New New Journalism*, o atual movimento de recriação estilística nos Estados Unidos, que utiliza o adjetivo duas vezes.

Ao contrário de seus predecessores, o grupo contemporâneo não se preocupou em idealizar um manifesto do gênero ou redigir uma carta de princípios. Na verdade, os integrantes se identificam muito mais pelas estratégias de apuração do que por uma linguagem específica, e não se mantêm como uma instituição de valores unificados.

Foram os teóricos da Academia que localizaram o fenômeno e fizeram a classificação. O último livro do professor Robert Boyton, da Universidade de Nova York, por exemplo, tem o sugestivo e óbvio título *The new new Journalism* (2005), e é simplesmente uma coletânea de entrevistas com dezenove autores representativos do estilo.

Além disso, alguns deles nem são tão novos assim. Os líderes da atual geração são velhos conhecidos do público, como Gay Talese e John McPhee. O primeiro está interessado em marcar suas diferenças com Tom Wolfe, enquanto o segundo acabou se tornando o guru dos jovens escritores, uma vez que vários deles foram seus alunos no curso de *Literature of fact*, na Universidade de Princeton.

Talese circula como um verdadeiro papa entre os garotos, alguns nem tão garotos assim. Segundo o professor Boyton, ao reafirmar suas diferenças com Wolfe, o veterano escritor tenta concentrar em torno de si uma suposta identidade renovada, que, na verdade, não passa de uma coletânea de características. A principal delas é a opção por retratar os fracassos em vez dos sucessos. Ou seja, opor-se ao *glamour* dos ternos brancos de Wolfe com um mergulho profundo nas camadas mais submersas da sociedade.

O Novo Jornalismo Novo explora as situações do cotidiano, o mundo ordinário, as subculturas. Mas não envereda pela abordagem do exotismo ou do extraordinário, encarando os problemas como sintomas da vida americana. O objetivo é assumir um perfil ativista, questionar valores, propor soluções.

O novo jornalista novo se envolve até o talo com sua matéria e seus entrevistados. É o que os teóricos chamam de *close-to-the-skin reporting*, cuja tradução mais literal seria reportagem perto da pele. É preciso sentir os poros abertos, a trilha epidérmica, o cheiro de suor. Nas palavras de Boyton, deve-se fazer uma imersão completa e irrestrita, na tentativa de construir uma ponte entre a subjetividade perspectiva e a realidade observada. Para isso, no entanto, o repórter encara a fronteira entre as esferas pública e privada de forma mais arrojada, quase propondo o seu desaparecimento, o que não é uma tarefa fácil.

Outra característica do movimento é o tom informal, declaratório, quase sem preocupações com a elegância estilística, o que não significa pobreza vocabular, mas sim o desejo de expressar a linguagem das ruas e se aproximar da atmosfera retratada. Mais uma vez, vale o contraponto com Tom Wolf e o estilo autoral que ele chamou de *hectoring narrator*.

As críticas ao autor do manifesto, entretanto, não param por aí. Ele é acusado de se preocupar mais com a própria carreira do que com o Novo Jornalismo, além de ter interesse apenas estético e não político. Mesmo assim, quase todos os entrevistados admitem que o texto de 1973 ainda é a bíblia do movimento, embora façam as próprias interpretações, como qualquer religião que se baseia em "escrituras sagradas".

São essas interpretações que constituem o Novo Jornalismo Novo. Portanto, princípios básicos do manifesto de Wolfe, como os quatro recursos estilísticos, continuam valendo, ainda que a narrativa literária não seja mais o valor principal. Robert Boyton admite que os autores reunidos em seu livro não formam um grupo coerente ou institucionalizado, mas eles têm a grande vantagem de evitar a ansiedade presente na geração anterior, que desejava um lugar de destaque no mundo sagrado da Literatura.

Os novos autores querem desempenhar um papel mais político que literário. E isso fica patente nos assuntos escolhidos por eles e nas respectivas estratégias de imersão. Ted Conover, por exemplo, trabalhou um ano como guarda de prisão para escrever *Newjack*. Leon Dash acompanhou o dia a dia de Rosa Lee por cinco anos. E Eric Schlosser expôs a indústria de *fast-food* e o submundo do tráfico de drogas, além de retratar com fidelidade a exploração da mão de obra imigrante nos Estados Unidos.

Guardadas as devidas diferenças de estilo e procedência, todos fazem parte de uma geração cujo engajamento em questões sociais é condição essencial para o exercício da profissão. Mais do que jornalistas, eles são ativistas. Com um velho e bom espírito utópico, querem mudar o mundo, sim senhor.

Mas quem não quer?!

ALGUNS AUTORES E OBRAS

Neste capítulo, relacionei muitos autores e suas respectivas obras no interior da própria discussão teórica. Sendo assim, como já falei sobre Tom Wolfe, Truman Capote, John Hersey, Gay Talese e Hunter Thompson, vou me fixar em outros dois escritores, um americano e um brasileiro: Norman Mailer e Joel Silveira. Começo pelo estrangeiro.

Um dos inovadores que surgiram sob a sombra de um novo estilo literário (o tal romance não ficcional), Norman Mailer disseminou nos anos 1960 e 1970 uma nova forma de Jornalismo, que combinava fatos atuais, aspectos autobiográficos, opiniões e "alfinetadas" de cunho político – tudo isso com a riqueza da linguagem utilizada em um romance. As obras de Mailer sempre causaram controvérsia, tanto por seu estilo não conformista quanto por sua visão polêmica do modo de vida americano. Certa vez, o poeta Robert Lowell o elogiou como "o melhor jornalista da América", mas deixou dúvidas sobre o que pensava acerca das obras de ficção do autor, apenas para alfinetá-lo.

Durante a Segunda Guerra Mundial, Mailer ocupou o posto de sargento do Exército Americano. O jovem queria ser mandado à Europa e liderar a primeira onda de invasão das tropas aliadas, mas ficou desapontado quando foi enviado para o sul do Pacífico. Serviu nas ilhas Leyte, Luzon e no Japão – mantendo-se sempre como observador astuto do que acontecia naquele cenário de guerra. Na maior parte do tempo em que esteve nas Filipinas, o escritor se sentia cansado e até entediado. Lá, presenciou um pouco de ação, mas não tanta quanto a que descreveu em seu livro: *The naked and the dead* (1948).

As notas prévias do que viria a se tornar essa obra foram enviadas em cartas à sua primeira esposa, pois Norman não queria carregá-las consigo. Em 1946, ele foi exonerado do cargo de sargento e, no ano seguinte, inscreveu-se na Université de la Sorbonne Nouvelle, em Paris. A partir daí, o livro demorou 15 meses para ficar pronto e foi publicado quando Mailer tinha apenas 25 anos de idade, concedendo-lhe fama internacional. "O sucesso transcendeu a minha própria identidade!", disse Mailer.

A história é sobre um grupo de soldados americanos em ilhas sob domínio japonês, no Pacífico, onde *flashbacks* de seus passados mesclam-se com cenas de calorosas batalhas. Na opinião de muitos americanos, a narrativa é obscena, exagerada, ofensiva, amarga. O sucesso estrondoso alcançado por Mailer deve tê-los enfurecido: o livro foi tido como um dos cem melhores romances na lista da *Modern Library*, configurou-se, na opinião de muitos acadêmicos, como um dos melhores romances americanos sobre os anos de guerra e, na opinião dos críticos do *Providence Journal*, o romance mais importante desde o eterno clássico *Moby Dick*. Nas palavras do *The Philadelphia Inquirer*, "chamá-lo meramente de 'um ótimo livro' seria minimizar seu valor!".

Em seu romance subsequente, o escritor não conseguiu repetir a façanha. Na verdade, *Barbary Shore* (1951) foi praticamente decepcionante: o roteiro era tido como uma tentativa frustrada de narrativa perigosa, os diálogos eram considerados irritantes e os personagens pareciam feitos de madeira. O romance canhoto de Mailer tomava corpo no Brooklyn e mostrava o conflito entre um formalista radical e um agente federal. Segundo a *Time Magazine*, era nada mais do que uma história "sem ritmo, sem sabor e sem graça".

No final da década de 1940, Mailler começou a trabalhar em Hollywood escrevendo roteiros. Mudou-se para Greenwich Village, na cidade de Nova York, em 1951. Quatro anos depois, lançou *The Deer Park*, que destrinchava a corrupção de valores em Hollywood. Inúmeros editores recusaram-se a publicar a obra.

Mailer se estabeleceu como um dos mais ativos e enérgicos ensaístas da América ao publicar *The presidential papers*, em 1963, no qual contestava o então vigente conceito de herói ("um homem que discutiria com os deuses e acordaria os demônios para contestar seu ponto de vista...").

Em sua obra seguinte, o autor trabalha com técnicas de ficção e utiliza suas próprias reações aos fatos como guia. *The armies of the night* (1968) fala ostensivamente sobre Março de 1967, quando ocorreu a Marcha para o Pentágono, na capital dos Estados Unidos (Washington, DC), contra a guerra do Vietnã. Entretanto, como em muitas outras de suas obras, o tema realmente central do livro acaba por ser o próprio Mailer. Começando com aspectos gerais da marcha, a narrativa se afunila até chegar à liderança do escritor em relação ao movimento e à sua prisão e subsequente noite na cadeia. O trabalho ganhou o Prêmio Pulitzer para não ficção.

Mailer tornou-se alvo de ataques feministas nos anos 1970, após a publicação de *The prisoner of sex* (1971). Na obra, o escritor sugeriu que o sexo determina o modo como os indivíduos percebem e ordenam a realidade. Isso lhe rendeu uma descrição malcriada por Kate Millet em seu livro *Sexual politics:* "O perfeito exemplo de um porco machista".

Posteriormente, escreveu sobre a vida e a carreira de Marylin Monroe. Não muito tempo depois, relatou o lendário embate entre Muhammad Ali e George Foreman sob o título de *The fight* (1975). Em 1979, publicou *The executioner's song* (1979), apelidado de "a versão de Mailer para *A sangue frio*, de Truman Capote". A história foi baseada na vida e na morte de um assassino convicto, o bizarro Gary Moore.

Quando o diretor italiano Sergio Leone começou a trabalhar em seu filme *Once upon a time in America* (1984), pediu a Mailer para ajudá-lo com o roteiro. O filme baseava-se no romance de 1953, publicado por Harry Grey. Mailer, então, trancou-se num quarto de hotel em Roma com muitas garrafas de uísque lá permaneceu por três semanas, até terminar o *script*. "Eu podia ouvi-lo cantando, praguejando e gritando por mais gelo a dez quarteirões de distância!", disse Leone em uma entrevista. Talvez três semanas não tenham sido tempo suficiente, uma vez que a reação de Harry Grey, ao ver a adaptação de seu livro, não foi das melhores. "Mailer, pelo menos a meu ver, na visão desse velho fã, não é um escritor para cinema", concluiu Leone posteriormente.

Em 1991, Mailer apoiou a Guerra do Golfo por "razões patrióticas": para ele, os Estados Unidos já estavam precisando de uma guerra. Um ano depois, lançou um livro de 1.300 páginas sobre a CIA, *Harlot's ghost*, que considerou a melhor de todas as suas obras. Na pesquisa para esse livro, o escritor acabou encontrando documentos russos desconhecidos, utilizados depois em *Oswald's Tale* (1995), a biografia que escreveu sobre Lee Harvey Oswald.

Em 1998, Mailer lançou *The time of our time*; uma antologia de seus escritos ficcionais e não ficcionais. "O que esse volume deixa bem claro, se já não era óbvio, é que a força do sr. Mailer está na não ficção", disse Michiko Kakutani, em sua coluna no *New York Times*.

Em 2003, Norman Kingsley Mailer celebrou seu octagésimo aniversário e publicou *The spooky art*, uma coleção de artigos sobre o ato de escrever. Em 2005, foi premiado com a *National Book Medal* por sua distinta contribuição à Literatura americana. No mesmo ano, participou do seriado americano *Gilmore Girls* (no Brasil, *Tal mãe, tal filha*) da Sony intitulado *Norman Mailer, I'm pregnant!* (ou "*Norman Mailer, estou grávida!*"), representando a si mesmo – como celebridade – ao ser entrevistado por um repórter (representado por seu filho, Stephen Mailer).

Muito menos vaidoso que seu colega americano, o brasileiro Joel Silveira, também octogenário, foi pioneiro na utilização do estilo conhecido como Jornalismo Literário no país. Defendia a tese de que o estilo chamado de "grande reportagem", mais que uma mera alternativa da imprensa, era a válvula de escape para toda a voz reprimida na ditadura do Estado Novo, de 1937 a 1945.

Joel cobriu a Segunda Guerra Mundial para os *Diários Associados*. Com 26 anos, era o mais jovem entre os correspondentes estrangeiros na Europa. A pouca idade não o intimidava: ao chegar, já criticava as fardas dos soldados (e também dos jornalistas), que, segundo ele, haviam sido feitas para o "frio de Friburgo" e dadas a uma tropa que enfrentaria uma temperatura de até 20ºC negativos.

Nesse período, Joel conviveu com uma das maiores celebridades do Jornalismo mundial, Ernest Hemingway (autor de *Por quem os sinos dobram* e *O velho e o mar*), que, vindo da Normandia a caminho da Iugoslávia, instalou-se na mesma região em que a FEB se encontrava (Porreta Terme).

Silveira passou dez meses no *front* italiano e retornou ao Brasil justamente no momento em que Assis Chateaubriand, dono dos *Diários Associados*, declarava "guerra" contra Francisco Matarazzo Jr. (o conde Chiquinho). O "erro" de Francisco teria sido pedir de volta o prédio que os *Associados* ocupavam no viaduto do Chá, em São Paulo, que era de propriedade do industrial. A ira de Chatô foi aguçada quando soube que, para enfrentá-lo em pé de igualdade, o conde adquirira o controle do Grupo Folha (que editava a *Folha de S.Paulo*, a *Folha da Manhã* e a *Folha da Noite*). As publicações de Chateaubriand despejaram artigos que ele mesmo escrevia ou ordenava que fossem escritos contra os Matarazzo, e, em meio a esse tumulto, chegou-lhe aos ouvidos que o conde Chiquinho estava entretido preparando o que muitos colunistas já chamavam de "a festa do século": o casamento de sua herdeira Filly com o jovem (e milionário) João Lage. Mais uma vez, a Víbora, como Joel era chamado, seria solicitada para executar o trabalho sujo. Ele já era tido como peçonhento e, obviamente, foi o escolhido para escrever sobre o evento. Usou toda acidez e malícia costumeiras, acrescidas de alguns trunfos: ainda tinha fontes infiltradas na *high society* – que já o haviam ajudado no artigo "Grã-finos em São Paulo" (e entre as quais estaria o pintor Di Cavalcanti). Além disso, conhecera o noivo enquanto ele servia na Força Expedicionária Brasileira no norte da Itália. Era a gestação de "A milésima segunda noite da avenida Paulista", seu texto mais famoso.

Além dos já citados aliados e truques, no dia do casamento, Joel Silveira ganhou um grande presente que o ajudaria a arrasar ainda mais a imagem pública da família Matarazzo. Já era quase noite e ele acabava de datilografar as últimas laudas de seu trabalho, quando a inocência de uma humilde senhora que entrava na redação lhe deu a pólvora de sua matéria. A ingênua mulher viera pedir para que colocassem no jornal uma pequena nota sobre o casamento de sua filha que também se realizaria naquele dia, pois ela sempre via artigos e mais artigos sobre o casamento da filha do conde. A menina era uma operária das indústrias Matarazzo e estava para se casar com um torneiro mecânico, que também trabalhava nas fábricas da família.

Nadir Ramos e José Tedeschi se casaram sob holofotes e chuva de *flashes*. Chateaubriand, após ser informado da descoberta do casamento dos operários, ordenara que desse a ele o mesmo espaço que seria dado ao da filha do conde: "Se as bodas de dona Filly receberem duas páginas, quero duas páginas para os operários!"

Ordens cumpridas, o *Diário da Noite* trazia duas páginas inteiras sobre os casamentos, face a face. Na esquerda, o casamento de Filly e João Lage; na direita, o casamento de Nadir e José. É claro que Silveira não perderia a oportunidade de frisar que todo luxo e ostentação do primeiro casamento foram apoiados no trabalho árduo e no suor do casal de operários. Dessa história, como já disse, surgiu seu livro mais famoso, *A milésima segunda noite da avenida Paulista*. Mas também merecem destaque a coletânea de artigos *A feijoada que derrubou o Governo* (2004) e o livro de memórias *Na fogueira* (1988).

NOTAS

1. Tom Wolfe, Radical chique e o Novo Jornalismo, São Paulo, Companhia das Letras, 2004, p. 23.
2. Orkut é uma comunidade de relacionamentos na internet cujo maior número de usuários vive no Brasil (*ranking* de 2006).
3. Comunidade de Jornalismo literário no Orkut.
4. Idem.
5. Idem.
6. O que nem sempre significa mudança, vide movimentos como a Nova República ou o Estado Novo. Muitas vezes, basta a retórica, como na famosa frase do *Leopardo*, de Visconti: "Alguma coisa precisa mudar para que nada mude".

CAPÍTULO V

A biografia

Todo livro terminado é como um leão morto.
Ernest Hemingway

É simples, minha filha: basta se colocar no lugar do outro.
Alberto Barros

O senhor de paletó xadrez, aparentando uns 80 e poucos anos, com rugas de expressão em profundidade de *cânion* e os óculos bifocais presos a um barbante que circunda as orelhas e impede a queda pela barriga, acaba de colocar a folha de papel em uma velha máquina de escrever Remington. A mão sob o queixo revela um ar pensativo como a escultura de Rodin. O bigode suado, de pelos grisalhos, esconde o lábio superior e não deixa o observador atento perceber que os dentes inferiores o estão pressionando.

A mordida na própria carne ativa os neurônios aposentados pelo tempo. As conexões construídas por uma vida intelectual intensa, com a leitura dos clássicos e com as boas discussões filosóficas, refazem as vigas da memória. E as novas pontes atravessam rios e canais de águas turvas, pouco navegáveis na aurora da existência. Há frescor nas ideias. Uma brisa juvenil sopra na celulose, movida por moinhos em forma de teclas.

As primeiras palavras galopam pelo ar. O nome do autor vem na frente, seguido de um título erudito, porém sintético. Mas é o subtítulo que desperta sua atenção. Em letras maiúsculas, ele parece um *outdoor* da idiossincrasia:

> ### – A HISTÓRIA DE MINHA VIDA –
> O velho se ruboriza. A face enrijece ainda mais. Não parece entender muito bem os desígnios da consciência. Ou da falta dela. Irrita-se. Solta um berro calado, mas que estremece o corpo inteiro. Um misto de surpresa e indignação alimenta sua autocrítica.
> Nunca pensara em escrever uma autobiografia. Sempre a considerou um gênero menor, sem compatibilidade com sua erudição. Era um literato. Trabalhara na imprensa por quase meia década, sempre mantendo elevada a escolha de suas leituras. Nunca se deixou levar por narrativas lacrimejantes, recheadas de promoção pessoal. E sempre que alguém lhe recomendava *As confissões de fulano* ou *As memórias de sicrano*, tinha a resposta pronta, em forma de pergunta, pois não negaria a profissão que escolheu:
> – Que diacho é isso de biografia? Jornalismo, Literatura ou História?
> A indagação permanece atual. A dúvida não foi desfeita nem mesmo nas páginas que ele acabou escrevendo, anos depois, quando decidiu que pensava demais e fazia de menos.

Chega de história, vamos ao conceito. Não tentarei ser conciso neste capítulo. Peço permissão para me alongar na discussão por dois motivos básicos. Primeiro, porque, entre todos os subgêneros aqui abordados, a biografia é certamente o mais vendido no mundo, daí a necessidade de uma análise mais detalhada. Segundo, porque o assunto foi tema de minha tese de doutorado e acredito ter algumas reflexões originais para dividir com o leitor, além de apresentar uma proposta de construção narrativa que foge do modelo tradicional, chamada por mim de fractais biográficos, ou *teoria da biografia sem fim*.

A partir da dúvida do velhinho da história anterior, arrisco-me a dizer que a biografia é uma mistura de Jornalismo, Literatura e História, e aqui será tratada como um subgênero do título deste livro. A biografia, portanto, é a parte do Jornalismo Literário que trata da narrativa sobre um determinado personagem. Ele é o fio condutor de todo o enredo. Os acontecimentos, por mais importantes que sejam, são apenas satélites. Tudo gira em torno da história de uma vida.

O problema é que, nas últimas décadas, a maior parte das biografias vem sendo escrita por jornalistas. Cada vez mais, os profissionais da imprensa enveredam pelo Jornalismo não cotidiano, buscando narrativas de fôlego em que reconstroem personalidades e identidades. Para isso, no entanto, utilizam o mesmo referencial epistemológico de sua atividade diária nas redações. Daí a minha inquietação.

O jornalista é um fingidor. Ele finge não sentir a dor de seu próprio fingimento. Diferentemente do poeta, ele acredita no compromisso com a realidade, embora estejam ao seu alcance os elementos para perceber que o máximo que pode oferecer é um efeito de real. Espremido pelos *deadlines* e pelos chefes de reportagem, talvez ele não tenha tempo para refletir sobre esses elementos. Ou talvez não tenha a formação adequada para entendê-los. Quem sabe, não tenha interesse. Afinal, é muito mais fácil oferecer uma suposta realidade (estável, coerente e totalizadora) do que preocupar-se com a complexa rede de conexões e indeterminações que se manifestam nesse admirável mundo contemporâneo.

Eu sou jornalista. E esse foi um dos principais motivos para escrever estas linhas. Hibridismo e indeterminação sempre fizeram parte do campo semântico de minha autoanálise. Nas redações de jornais e televisões por onde passei, sempre ouvi de meus chefes que o lugar para a reflexão era a universidade. Aquele era o local da produção. Ali, eu deveria ser apenas um repórter, nunca um acadêmico com voz crítica e reflexiva. Mas essa suposta dicotomia jamais me convenceu. Influenciado pelas pesquisas no mestrado e no doutorado, não havia como não me preocupar com o tipo de reportagem que estava realizando. Era impossível evitar a crítica e a reflexão sobre os pressupostos que norteavam minha própria profissão.

Não acredito, conforme defende a lógica jornalística, que seja possível construir histórias e identidades com coerência e estabilidade numa época em que a realidade se apresenta em formas múltiplas e desconexas, deixando clara a sua complexidade. Não acredito que seja possível escrever biografias como relatos cronológicos de acontecimentos com significado e direção. Não acredito que seja possível ignorar que os atuais espaços de produção, circulação e recepção desses textos estejam inseridos numa teia de conexões permeada por conceitos como indeterminação, caos, complementaridade e tolerância às ambiguidades.

Por isso formulei o conceito de biografia sem fim, que será explicitado ainda neste capítulo. Antes, porém, é preciso fazer duas reflexões importantíssimas sobre o tema. A primeira delas diz respeito à nossa relação com o tempo e a memória, categorias básicas do discurso biográfico. E a segunda trata da idolatria aos personagens relatados, o que é muito perigoso, principalmente quando transforma celebridades midiáticas em heróis, criando padrões de comportamento e exemplos de conduta.

TEMPOS E MEMÓRIAS

Você já deve ter ouvido a famosa frase de Descartes: "penso, logo existo". Ela expressa a crença na racionalidade, na identidade centrada do homem. Pois é, só que nos tempos atuais essa identidade talvez possa ser definida por uma outra frase, análoga à primeira: *lembro, logo existo*. No ritmo alucinante da contemporaneidade, com mudanças aceleradas e dissolução de certezas e referenciais, recorrer à memória é mais do que uma compensação. É uma tentativa desesperada de encontrar alguma estabilidade diante da reordenação espacial e temporal do mundo. Lembrar é trazer de volta antigos modos de vida e experiências sociais. É tentar reviver momentos de coerência e estabilidade. Um conceito de memória com princípios ultrapassados, que merece ser criticado.

Para Jésus Martín-Barbero, teórico latino-americano de grande expressão, vivemos um "*boom* de memória", causado pela crise na moderna experiência do tempo. Citando outro famoso teórico, Andreas Huyssen, Barbero identifica várias manifestações desse *boom*: crescimento e expansão dos museus, restauração dos velhos centros urbanos, auge do romance histórico, moda "retrô" na arquitetura e no vestuário, entusiasmo por comemorações, multiplicação de antiquários e um grande interesse pelas biografias e autobiografias.

O relato biográfico, na maioria das vezes, tenta ordenar os acontecimentos de uma vida de forma cronológica, na ilusão de que eles formem uma narrativa autônoma e estável, ou seja, uma história com princípio, meio e fim, formando um conjunto coerente. É o que o professor francês Pierre Bourdieu chama de ilusão biográfica, aquela que trata a história de uma vida como "o relato coerente de uma sequência de acontecimentos com significado e direção".

Para Bourdieu, o biógrafo é cúmplice dessa ilusão. Ele tenta satisfazer o leitor tradicional, que espera dele uma suposta verdade, uma suposta realidade. Mas o máximo que a biografia pode oferecer é uma reconstrução, um efeito sobre o real. Em seu livro *A ilusão biográfica*, ele explica que o biógrafo é o responsável pela criação artificial de sentido, já que tem interesse em aceitar a coerência da existência narrada, pois seu discurso baseia-se na preocupação de "tornar razoável, de extrair uma lógica ao mesmo tempo retrospectiva e prospectiva, uma consistência e uma constância, estabelecendo relações inteligíveis, como a do efeito à causa eficiente ou final". Ao organizar a vida como uma história linear, o biógrafo fornece uma razão de ser ao seu objeto e tranquiliza o leitor, que se identifica no passeio pela "estrada percorrida".

Associar a vida a um caminho ou estrada facilita a compreensão, facilita a narração, facilita a venda. O sucesso das biografias no mercado editorial está certamente relacionado à opção da maioria dos autores em reconstruir o passado atribuindo significado aos fatos dispersos de uma vida, alocando-os em ordem cronológica. Estamos sendo seduzidos pela memória, diria Andreas Huyssen. Mas a sedução vive de um modelo anacrônico e não contempla as transformações na experiência espacial e temporal.

Para começar, não há como pensar a memória sem pensar o esquecimento. Os termos não são antagônicos e não podem ser pensados em um defasado modelo maniqueísta. Eles convivem e se relacionam em complexas teias de conexão e interfaces. Pense na internet, por exemplo. No mundo dos *megabytes*, nunca foi tão fácil armazenar memória. Entretanto, a amnésia nunca esteve tão presente. O excesso de informação convive com o esquecimento imediato. A cultura midiatizada produz objetos descartáveis que alimentam a própria amnésia. Como afirma Huyssen, em *Seduzidos pela memória*: "a velocidade sempre crescente das inovações técnicas científicas e culturais gera quantidades cada vez maiores de produtos que já nascem obsoletos". Mas esse não é um movimento unilateral, ou seja, não se pode argumentar que a "comercialização de memórias gere apenas esquecimento", como sugere a interpretação de Adorno, o filósofo alemão que criou a teoria crítica e a Escola de Frankfurt. É preciso refletir sobre a amnésia pela ótica da lembrança. E vice-versa. Parece difícil? Não, não é. Vou tentar explicar melhor.

No interior desse movimento duplo e paradoxal (lembrança e esquecimento), manifesta-se o próprio medo da perda da memória, outra razão para a sua supervalorização na atualidade – embora não se possa dizer que este é um medo novo. A cada descoberta de uma nova técnica de armazenamento de informações (ou seja, de lembrança) há resistências. Foi assim com o alfabeto grego, com a imprensa de Gutemberg, o satélite, o computador etc. A linguista Lúcia Santaela afirma no livro *Cultura das mídias* que o aparecimento de cada novo meio de produção e contenção de linguagem e de memória representa o deslocamento de alguma habilidade humana do nível individual para o coletivo e "nesse deslocamento, o homem transitoriamente perde uma parte de si, a imagem que tem de si e do mundo. Nessa imagem estão inseridos os valores humanos. Se a imagem se fragmenta, os valores escorregam entre as fendas".

O problema é que o consumidor da memória quer fechar essas fendas. Em outras palavras, quer comprar a estabilidade, como concluem os professores de comunicação Micael Herschmann e Elizabeth Rondelli:

> As narrativas biográficas e autobiográficas oferecem um enquadramento retrospectivo e prospectivo ao ordenarem a vida articulando memória e aspirações dos indivíduos, suas motivações e o significado de suas ações numa conjuntura própria de vida.

Além disso, a memória na mídia é espetacularizada, carregada de imagens pré-concebidas, facilitando ainda mais a sedução. Ou vai dizer que você nunca se interessou pela vida de celebridades? Ou, então, por curiosidades sobre escritores ou políticos?

Em minha dissertação de mestrado, intitulada *A volta dos que não foram*, relato esse tipo de sedução. Ao analisar a possibilidade de uma utopia contemporânea, diferenciando-a das utopias socialistas da década de 1960, identifico minhas próprias construções midiatizadas produzidas a partir da leitura de biografias.

> Como todo adolescente, sempre estive ao lado dos oprimidos. Era ávido consumidor de livros marxistas. Li Engels, Lenin, Kautsky, Plekhanov e Florestan Fernandes antes de completar 14 anos. Não que eu entendesse as explanações teóricas, mas era levado a elas por outras

leituras, e estas sim me emocionavam. Os livros do Gabeira, do Sirkis, do Marcelo Rubens Paiva, entre outros, falavam de dramas pessoais em meio ao drama maior da luta contra a repressão.[1]

As leituras dessas histórias me faziam ter saudade de um tempo que eu não vivi. Elas me faziam querer participar da Passeata dos Cem Mil, frequentar o Opinião, acompanhar Lamarca pelo sertão da Bahia e lutar com Marighela. Elas me faziam querer voltar para onde eu nunca tinha ido, daí o título *A volta dos que não foram*. Mas o que eu pude perceber é que tinha uma imagem midiatizada do passado, produzida pela espetacularização da narrativa que consumi, já que, como diria o filósofo Frederic Jameson, eu buscava a história por meio de "minhas próprias imagens *pop* e dos simulacros". Só que ela continuaria, para sempre, fora do meu alcance. Entretanto, não há como negar que a consciência de meus estereótipos não significa livrar-me deles, apenas me permite uma atitude crítica sobre meu próprio trabalho e o respeito à diversidade e à complexidade, que são o tapete de minhas reflexões.

E não pense que é fácil! A atitude reflexiva sobre seus próprios estereótipos, simulacros e imagens *pop* é, ao mesmo tempo, uma necessidade e uma tortura para o biógrafo. Como alerta a professora carioca Diana Damasceno em sua tese de doutorado "Entre múltiplos eus": "Escrever biografias em nossos dias requer consciência aguda do processo de reinterpretar o passado como forma particular de construção, sujeita a variados desdobramentos, levando em conta que vidas podem ser entendidas como sistemas complexos". Entretanto, quem acaba se ocupando das reflexões são os teóricos, não os biógrafos. Estes têm a atitude profissional do abridor de latas, que penetra nos arquivos e busca as salsichas da realidade. Quando, repito, o máximo que eles podem oferecer é um efeito sobre real.

A reinterpretação do passado, sugerida por Damasceno, passa impreterivelmente pela rediscussão dos conceitos de tempo e memória. E aí quem entra em cena é um outro famoso filósofo, o francês Jacques Derrida, morto em 2005. Para ele, essa reconceituação significa abdicar da noção de linearidade temporal e substituí-la por simultaneidade. Não é difícil de entender. Veja bem: no momento em que lembramos de algo, o que era passado torna-se narrativa e articula-se no presente, sendo portanto simultâneo a este presente. E o que seria futuro é apenas uma especulação, podendo ser articulado apenas no discurso, o que também o tornará presente.

Nesse sentido, a memória só é memória no esquecimento ou no segredo, pois quando acionada (ou seja, lembrada) também se torna discurso. Pelo mesmo raciocínio, a memória não substitui o passado, apenas mostra que ele falta. Mas o biógrafo (ou o historiador) tradicional acha que vai preencher as lacunas. Ledo engano. A história de qualquer coisa é apenas o que podemos saber sobre esta coisa, jamais a totalidade. A lacuna é onipresente. O passado não está pronto. Ele ainda está por fazer, e articula-se no presente, ou melhor, na presença (ou simultaneidade), onde elaboramos a memória e a transformamos em discurso. Mais uma vez trabalhando no paradoxo. Derrida articula o conceito de presença com o de ausência, valorizando a escrita, que, quando lida por alguém, produzirá uma marca para ser repetida em qualquer contexto, sobrevivendo ao autor sem precisar mais de sua presença. A escrita funda outra presença e garante a repetição.

Para Derrida, então, há duas memórias: a interior, relativa ao sujeito, e a totalizadora, relativa à escritura. Entendeu? Não? Então, novamente, tentarei explicar melhor: a diferença é que a memória do sujeito (autor ou leitor) se extingue e é absorvida por outras memórias (novos leitores ou autores). Já a escrita carrega todas as memórias juntas, ou seja, é total, podendo ter as mais diversas interpretações.

Partindo da ausência (do autor) para fundar outra presença, a escrita leva o significado sempre para a posteridade, para o futuro. Nesse sentido, rompe com a ideia de linearidade temporal, já que o instante original das formulações jamais seria atingido, pois ele não estaria no passado, mas na sua reinterpretação no presente. Entendeu agora? É por isso que prevalece a ideia de simultaneidade. Prevalece a "presentificação" do tempo. O exemplo é simples: toda vez que lemos um texto sobre o que já passou, estamos dando nova forma àquele acontecimento.

O movimento é reciclável. O sujeito se apaga, mas, em seguida, inscreve-se de novo, na figura do novo leitor. A origem é sempre reinaugurada, até porque cada momento é único e não pode ser resgatado em seu exato teor. E se a memória não resgata a exatidão, o momento já será outro no instante do resgate, que passa a ser a parte mais importante desse processo. Nenhum sentido pode ser considerado como previamente constituído. Nada está pronto, tudo está sendo feito. O que nos interessa é o percurso, não a origem ou a meta.

Entretanto, estar preso ao presente reforça o medo e a angústia no mundo moderno. "O futuro é improvável demais e o presente complexo demais para nos darem acolhida. Exilado de si mesmo, o homem busca asilo no passado", conclui a professora Santaela em *Cultura das mídias*. Um asilo nos *revivals*, nas retrospectivas, na nostalgia. Daí o sucesso das biografias, que são memórias de outras pessoas.

Para outro filósofo francês, Jean Baudrillard, há uma obsessão em reviver, em relembrar, uma verdadeira neurose: "é a memorização fanática, uma fascinação pelas comemorações, a listagem de lugares da memória, a exaltação da herança", afirma em *A ilusão vital*. A neurose obsessiva pelo passado, segundo Baudrillard, leva ao desaparecimento da própria memória, que, por sua vez, leva ao desaparecimento do real, reduzindo-o a um simulacro: "isso resulta em transformar o próprio passado num clone, e congelá-lo numa imitação falsa que jamais lhe fará justiça". De acordo com o filósofo, a impossibilidade de ver além do presente nos condena a viver uma realidade virtual. Sua crítica abrange o que ele chama de "musealização" da memória, que, longe de preservar o passado, apenas o esteriliza e congela: "em vez de primeiro existirem, as obras de arte hoje vão diretamente para o museu. Em vez de nascerem e morrerem, os seres já nascem como fósseis virtuais." Ou seja, nascem no presente para serem alocadas em um passado "presentificado", simultâneo.

Mas há um outro problema aí, meu caro leitor: como medir a extensão do passado? Em anos, décadas ou séculos? Na verdade, isso carrega uma outra questão ainda mais complexa: será que o tempo é de fato um objeto mensurável? Eu acredito que não. Uma hora ou um ano não têm o mesmo sentido – como já ensinou Einstein – para indivíduos diferentes, e devem ser avaliados relativamente. Por exemplo, para um presidiário que espera, no corredor da morte, o momento de ser executado, a hora não passará na mesma velocidade que para um homem que espera a noiva no aeroporto. Tentamos medir o que não pode ser percebido pelos sentidos. Como argumenta o filósofo alemão Norbert Elias, a língua, socialmente padronizada, recorre ao que ele chama de "substantivos reificadores", acompanhados de verbos que, metaforicamente, reforçam a ideia do tempo apenas como dimensão física: "Pensemos em frases como 'o vento sopra' ou 'o rio corre': afinal, seria o vento outra coisa senão a própria ação de soprar, ou o rio outra coisa senão a água correndo?"

O tempo é regulado socialmente. Não comemos quando sentimos fome, mas na hora do almoço ou do jantar. Também não vamos dormir quando estamos cansados, mas no final da noite. Nossos ritmos biológicos são ordenados em função da organização social, que obriga os homens a se disciplinarem. E, a longo prazo, o calendário regula nossas relações sociais, padronizadas em efemérides e datas comemorativas. Como o tempo não é visível, tangível ou mensurável, Elias sugere que a regulação social privilegia a sincronia e não a diacronia (isto é, a ordem simultânea e não a cronológica), encurralando o indivíduo na infinita repetição do presente.

Assim, encurralado em um presente de larga complexidade, o indivíduo atomiza-se diante da dificuldade de conceber uma experiência temporal coerente. Preso no agora, este indivíduo vive uma situação de inércia, exilado na transitoriedade que não leva a lugar algum. Para usar uma metáfora coerente, eu diria que ele (o tal indivíduo) sobe e desce as escadas de edifícios memorialísticos, cujos degraus mudam a cada passada. Dirige um táxi de lembranças e as compartilha com os diferentes passageiros que recolhe em cada esquina. Mas continua só. Pisa na embreagem, passa a quinta marcha e acelera pelos círculos da metrópole. Vaga pelas ruas, mas não chega a lugar nenhum, porque nunca partiu. Como, então, seria possível escrever a sua biografia com coerência?

A pior solidão é a solidão na multidão, característica do espaço urbano. Ou vai dizer que você nunca se sentiu sozinho, mesmo estando acompanhado? O sujeito está exilado na própria (a)temporalidade, estático diante de um universo desenraizado, sem referências. Mesmo assim, a paralisia lhe parece normal, não causa surpresa. É a inércia diante da inércia. Os espaços são transitórios. Seu lar é um hotel. A superficialidade é seu enredo.

Mas ele continua a viagem. Apesar de o espaço ser móvel, ele não se livra de estar encurralado. Preso na falta de objetivos e referenciais, segue em seu exílio. Diante da incapacidade de organizar cronologicamente o passado, ele se exaure na contemplação vazia, embora hipnótica, do presente. A falta desta articulação entre passado e presente (sem projeto de futuro) e a visão do tempo como momentos isolados desencadeiam uma esquizofrenia nos tempos modernos.

A identidade individual em nossa época está irreversivelmente comprometida na medida em que o sujeito é incapaz de estabelecer ligações entre os diversos momentos de sua história. A personalidade é dividida mediante um processo de fragmentação do indivíduo. Os sentimentos se diluem. O referente histórico é inacessível. O que seria a realidade histórica se apresenta apenas como imagens nebulosas que não se referem a um passado, e sim às nossas ideias e imagens espetacularizadas deste passado (reproduzidas pela mídia), que está fora de alcance, não pode ser totalizado.

O que ficou foi a imagem, a distância, a névoa. E a reação perante esta ausência também é de inércia. A banalidade é patente. Até que, em certo instante da narrativa de suas lembranças, já "presentificadas" pela articulação do discurso, o indivíduo pisa no terreno escorregadio da nostalgia. Quer musealizar a memória e erguer estátuas e monumentos que possam pavimentar a estrada para um retorno. Só que o caminho de volta está fechado para sempre.

As novas percepções de nossas zonas temporais e espaciais são experimentadas em movimento. No ensaio *1001 Estórias de literatura*, a professora alemã Heidrun Krieger Olinto cita as experiências do escritor Hans Gumbrecht nos saguões dos aeroportos, espaços de complexas temporalidades.

> Suponhamos que o nosso passageiro, chegando da Europa, tenha tomado o segundo café da manhã no avião e sente então vontade de almoçar. Esse seu apetite corresponderia a um tempo social que o seu corpo trouxe da Europa. No caso, ele estaria, por assim dizer, espacialmente presente no corpo do passageiro, mas em conflito com o tempo local dos empregados do restaurante do saguão que – tão cedo em sua manhã – só oferecem café e sanduíche de queijo.

Assim como na análise de Derrida, Olinto também aborda a temporalidade em esboços conceituais relacionados à simultaneidade: "Ele [o tempo] parece estar atravessado por movimentos cada vez mais velozes, numa pluralidade de tempos de presença simultânea". No diálogo com

Gumbrecht, está a pá de cal na síntese e coerência da história linear e totalizante. É a estrutura sincrônica (simultânea) que prevalece, ligada a um modelo de redes que moldam condutas e interações, como no livro *1926, vivendo no limite do tempo,* escrito por Gumbrecht, em que o leitor escolhe por onde começar, já que a narrativa não tem começo: a obra é dividida em 51 verbetes, distribuídos em três seções intituladas dispositivos, códigos e códigos em colapso.

Mas quem pode entrar em colapso é o leitor desavisado, acostumado à estrutura sequencial de acontecimentos em ordem cronológica. Principalmente se essa estrutura confortável não estiver presente em uma das formas de resgate da memória mais utilizadas na atualidade: a biografia. Entretanto, assim como Gumbrecht utiliza-se da estrutura sincrônica para descrever um ano, a mesma estratégia pode ser utilizada para a construção de um discurso biográfico, compreendido como "processo de atribuição de sentido flexível, na medida em que a memória interpreta, explica e constrói os fatos". Essa nos parece ser uma alternativa para contar as histórias possíveis de uma vida que certamente estará inscrita em sistemas complexos formados a partir de fragmentos discrepantes e reinterpretações de tempos e memórias.

CELEBRIDADES E HERÓIS

Mas quem são os biografados? Estamos consumindo as memórias de quem? E, mais importante, quem determina essas escolhas? Difícil saber, não é? Mas é melhor começar a refletir sobre esses assuntos. E a chave para a compreensão talvez esteja na construção do espaço público em torno de personagens a que se convencionou chamar de celebridades. Afinal, essas celebridades são reais ou apenas uma invenção midiática? Tentarei discutir o assunto.

Para começar, posso afirmar, sem medo de errar, que, no palco contemporâneo, o espetáculo em cartaz é a vida. Os ingressos na bilheteria dão direito a entrar na intimidade dos atores, formar alteridades e idealizar heróis, porém a plateia não está satisfeita e quer ela mesma encenar o espetáculo. E na esquizofrenia de ser ao mesmo tempo personagem e espectadora (*Big Brother Brasil,* por exemplo), ela tenta ler o letreiro em néon que anuncia o título da obra: realidade. Mas esse título é apenas um pequeno elemento da realidade construída por essa mesma plateia. Não é mais nem menos autêntico. É apenas um espaço de participação.

Para o teórico Neal Gabler, autor do livro *Vida, o filme*, a tendência de converter a realidade em encenação é justificável, já que "a cultura produz quase todos os dias dados de fazer inveja a qualquer romancista". Mas, atualmente, não se trata apenas de questionar se a ficção pode continuar competindo com a dramaticidade da vida real, nem de acreditar tanto na ilusão a ponto de tentar viver nela. Não se trata apenas de olhar pelo buraco da fechadura, mas de estar do outro lado da porta. Não se trata apenas de ver o filme, mas de ser o próprio filme. A vida é o veículo.

No ponto em que chegamos, a plateia quer ver o espelho. E a plateia é você, caro leitor. Na novela da vida real, os personagens somos nós, como conclui Ivana Bentes, em artigo para a *Folha de S.Paulo* em 2002, ao analisar os *reality shows Big Brother Brasil* e *Casa dos Artistas*: "Lá estão a empresária paulista, o artista plástico, a *designer*, o cabeleireiro, o dançarino de axé, a modelo, a *socialite*, o *rapper* irado, os marombeiros com visual estilizado de menino de rua, cara de mau e gorro enterrado na cabeça".

Mas o espelho carrega o melodrama. Apesar da aura de realidade, os personagens dos *reality shows* têm de interpretar papéis pré-definidos pela produção. Ou seja, eles não são eles próprios, apenas interpretam a si mesmos, o que é bem diferente. O mocinho, a carente, o malvado, o ignorante, a sensual, o arrogante, a mal-educada, o inteligente, a doente e outras tantas caracterizações carregam o enredo da trama, sustentando conflitos e gerando identificações por parte do público. Identificações essas que podem seguir roteiros mimetizados da ficção: a vida imitando a arte. Vejamos dois exemplos.

No filme *Náufrago*, o principal problema do personagem interpretado por Tom Hanks não era fome ou o frio, e sim a solidão. Para enfrentá-la, ele desenha dois olhos, um nariz e uma boca em uma bola de vôlei e a batiza com o nome de Wilson. Humanizada, a bola passa a ser a única companhia do personagem, mas ele a perde e entra em desespero. Alguma semelhança com uma *história da vida real*? Sim, vamos a ela.

A casa do *Big Brother Brasil 1* sempre foi um oceano para Kleber Bambam, o grande vencedor do programa. Mesmo acompanhado, ele estava só, isolado na própria incapacidade de se comunicar. Foi taxado de burro pelos outros condôminos, que não conseguiram diferenciar burrice de ignorância. Sofreu com a rejeição. Vagou pela casa. Foi quatro vezes para o paredão. Sentiu que a pior solidão é a solidão da companhia. A não ser, é claro, por Maria Eugênia, uma boneca que construiu com pedaços de sucata e um cabide.

Quando a produção do programa retirou a boneca da casa, Kleber chorou copiosamente e pediu aos produtores para devolverem sua única "amiga", feita em seu naufrágio pela comunicação. Quarenta milhões de brasileiros assistiram a cena; 68% dos votantes deram a vitória a Bambam, identificados não com a ignorância do rapaz, mas com a humilhação que ele sofreu ao longo de dois meses. Quantos desses votantes não sofreram humilhações análogas? O conhecimento ou a cultura, assim como o dinheiro, podem ser usados para subjugar o próximo. E não há dúvidas de que, no espetáculo vida, a maioria dos atores está no papel de subjugado.

Mas para aqueles que defendem a ideia de que Kleber é um retrato do Brasil, há o segundo exemplo, também inspirado em uma comparação com um filme protagonizado por Tom Hanks: *Forrest Gump*. Se é verdade que há identificação com a ignorância caipira, a prosódia interiorana e o bizarro estereotipado, então este não é um fenômeno brasileiro. Sua disseminação já ultrapassou fronteiras e conquistou até os membros da academia de Hollywood, justamente a maior fábrica de ilusões do mundo. Ou será de realidades?

A resposta está em Gabler. Em seu livro, ele afirma que vivemos no mundo da pós-realidade. Na encenação do real, o veículo vida gera novos episódios diariamente, fazendo com que as aplicações que a mídia descobre para esses episódios ultrapassem a própria realidade. Revistas de fofocas, periódicos sobre famosos e programas de TV como *Vídeo Show* e *TV Fama* vivem da encenação e a repercutem infinitamente em novas encenações. A mídia produz celebridades para poder realimentar-se delas a cada instante em um movimento cíclico e ininterrupto. Até os telejornais são pautados pelo biográfico e acabam competindo com os filmes, novelas e outras formas de entretenimento. São notícias do parque encantado, como se os redatores-chefes fossem Lewis Carroll ou Monteiro Lobato. E mesmo quando há assassinatos ou graves acidentes, o assunto principal é sempre a celebridade ou o candidato ao estrelato, que, inclusive, pode ser o próprio assassino ou um outro delinquente qualquer. Como exemplos, podemos citar o julgamento do ex-astro do futebol americano O. J. Simpson, a vida e a morte da princesa Diana e a interminável novela fornecida pelas peripécias de Elizabeth Taylor ou pela apresentadora de televisão Oprah Winfrey.

A espetacularização da vida toma o lugar das tradicionais formas de entretenimento. Cada momento da biografia de um indivíduo é superdimensionado, transformado em capítulo e consumido como um filme. Contudo, a valorização do biográfico é diretamente proporcional à capacidade desse indivíduo em roubar a cena, ou seja, em tornar-se uma celebridade. Aliás, as celebridades tornaram-se o polo de identificação do "consumidor-ator-espectador" do espetáculo contemporâneo. Elas catalisam a atenção e preenchem o imaginário coletivo. O que é muito diferente da identificação com os heróis, uma tradição da cultura ocidental.

O herói acredita que tem uma missão a cumprir. Ele deve domar o cotidiano e viver na esfera do extraordinário. Deve entregar-se ao seu propósito maior e ao seu destino glorificado, que será construído única e exclusivamente por ele mesmo, já que ele é senhor de seus atos, pois tem um senso interior de certeza para diferenciar herói de celebridade. Como define o sociólogo Ronaldo Helal, "o primeiro vive para 'redimir a sociedade de seus pecados', vive para os outros, enquanto o segundo vive somente para si".

Na Grécia, por exemplo, a ideia de herói estava ligada aos conceitos de *areté* e *timé*. O termo *areté* tem relação etimológica com o grego *aristeúen*, que significa ser o mais notável. Sua utilização mais frequente está ligada à essência do herói, ou seja, às habilidades e atitudes que o diferenciam dos outros mortais. Assim, ter *areté* proverá o herói da destreza e do vigor que o permitam ser um grande guerreiro, não só para defender seu povo, como para representá-lo. O herói, entretanto, não está em estado de *areté* o tempo todo. Na *Ilíada*, por exemplo, Aquiles maneja bravamente sua lança, mas tem o calcanhar fraco, enquanto Heitor luta bravamente durante 18 cantos do poema, para fugir covardemente perante a investida do melhor dos gregos.

A cena da luta entre os dois é sinistra. Faz qualquer filme de violência parecer um conto de Natal. Aquiles, colérico, arrasta o cadáver de seu adversário ao redor das muralhas de Troia, espalhando o sangue de Heitor por quilômetros. Entretanto, ele se rende aos apelos do pai, Príamo, para dar sepultura ao filho, chorando ao lado do inimigo. É o momento em que completa a moldura de sua *timé*, cujo significado mais explícito é traduzido por honra.

A *timé* está ligada à honra e à moral. Ainda na *Ilíada*, quando o general Agamenon toma de Aquiles a escrava Briseida, este se retira da Guerra de Troia, uma vez que foi ferido em sua *timé*. Como conclui o professor Junito Brandão, no livro *Mitologia grega*, "Agamenon o despojou do público reconhecimento de sua superioridade, tomando-lhe Briseida". Da mesma forma pensa o mitólogo H. Kitto, em *Os gregos*, apenas mudando o termo: "Agamenon e Aquiles não se travam de razões apenas por causa de uma rapariga; é a recompensa, que representa o reconhecimento público de sua *areté*". Assim, nas palavras de outro mitólogo, Paul Mazon, na *Introdución a l'Iliade*, "a *Ilíada* é o primeiro ensaio de uma moral de honra".

O que os gregos querem dizer é que não adianta apenas ser muito bom no que se faz. Se não fizer honradamente, nada terá sentido. É por isso que só a *areté* coberta de *timé* faz de Aquiles um herói entre os gregos. Ele é o melhor entre seus pares, aquele que os representa, porque tem excelência e honra ao mesmo tempo. Quando volta ao campo de batalha, não está sozinho, mas escudado por toda a cultura grega, cuidadosamente representada pelos símbolos cinzelados pelo deus Hefestos na famosa armadura. Aquiles carrega, entre as cenas da vida grega, os arquétipos (modelos primitivos) que constituem o inconsciente coletivo (a representação psíquica) de seu povo. Este reconhece o herói, enaltece-o e leva-o à *kléos*, ou seja, à glória.

O reconhecimento do povo, que leva o herói à glória, também fixa sua imagem mitificadora, diferenciando-o dos meros mortais. Talvez por isso, tantos políticos, artistas e outros habitantes (ou não) do espaço público contemporâneo tentem construir imagens de heróis em torno de suas vidas. Mas se não é possível estar em um enredo de Homero, talvez seja mais simples escrever a própria história, produzindo uma autobiografia. É claro que os conceitos relacionados ao herói estarão presentes no discurso, afinal, se o indivíduo se dispôs a escrever a própria história, sua existência só pode ter sido excepcional. Lá estarão a *areté*, a *timé*, a missão a cumprir, o controle do destino, o gesto do conquistador e todas as outras características extraordinárias de sua personalidade. Em sua autobiografia, por exemplo, Carlos Lacerda quer mostrar sua vida heroica, ilustrada pela luta corajosa e pelo senso interior de que tem a missão de reconstruir o Brasil. Ele tenta fazer isso intercalando a narrativa com fatos da vida cotidiana, mas não consegue disfarçar seus claros propósitos. Para Lacerda, seu destino é óbvio: ser presidente da República. E não poderia ser menos, já que carrega a honra e a excelência dos heróis. Se Aquiles é o melhor dos aqueus, ele é o melhor dos brasileiros, conforme escrito em seu livro, *Rosas e pedras de meu caminho*:

> O sentido de que se tem uma missão a cumprir, seja de criar os filhos ou de reformar uma nação, de fazer o que se sabe e o que se pode – não importa o vulto da tarefa e sim sua significação – a ideia de que se deve procurar fazer bem feito tudo o que se tem a fazer, por mais simples ou arriscado que seja, faz parte desse sentido de missão. Também dele é estar disponível par cumpri-la. E ser acessível, [...] de modo a ser mobilizado, a qualquer momento, para a missão a que se está, por assim dizer, destinado.[2]

O sentido de missão a cumprir descrito nas autobiografias pode, muitas vezes, ser identificado nos próprios títulos. Carlos Lacerda batizou a sua de *Rosas e pedras de meu caminho*. Samuel Wainer escreveu *Minha razão de viver*, Adolf Hitler pariu *Minha luta*. Todos tentaram justificar suas ações heroicas, independentemente das implicações ideológicas. O senso de controle do próprio destino, a partir da crença em um propósito superior, fez com que cada um acreditasse ser um indivíduo especial, único, o mais insubstituível dos seres. Mas eles não foram os primeiros. No século XVIII, Jean-Jacques Rousseau já deixara patente essa crença na introdução de suas confissões, ao escrever que "a natureza perdeu a fôrma em que me moldou".

Rousseau não é bobo não. O livro é a sua mídia e é por intermédio dele que construirá sua imagem. Ele segue as estratégias da mitologia grega na tentativa de se caracterizar como herói de seu tempo, sempre exaltando a virtude e a moral, ou seja, a *areté* e a *timé*. Ambos os termos são encontrados dezenas de vezes nas *Confissões*, imbuídos de considerações temáticas utilizadas, inclusive, para a análise do filósofo sobre o estado de natureza. Mas é impossível não notar as semelhanças entre a quimera de Aquiles com o comandante dos aqueus, na *Ilíada*, e a quimera entre Rousseau e o líder dos enciclopedistas, Diderot, nas *Confissões*.

Assim como Agamenon, também Diderot assume a postura de comandante de tropas que estão em guerra. Se o primeiro guerreava contra os troianos, o segundo trava combate contra um poder despótico e arbitrário, contra uma epistemologia arcaica, contra a ignorância. Se entre os gregos havia heróis como Nestor, Ulisses e Aquiles, entre os *philosophes* estavam os heróis Voltaire, D'Alembert e o próprio Rousseau – apesar de ocupar uma posição marginal dentro do movimento. Todos como figuras idealizadas inseridas no imaginário de cada época. Como coloca Robert Darnton no livro *O grande massacre de gatos*:

> Uma tal versão do passado coloca os *philosophes* num papel heroico. [...] D'Alembert reconheceu a existência de verdadeiros generais, travando guerras reais, mas escreveu como se não houvesse história alguma, a não ser a história intelectual, e os philosophes fossem seus profetas.[3]

O mesmo Darnton aborda o culto aos *philosophes* durante toda a história do Iluminismo como guerreiros em luta pela civilização. Mais do que isso, poderíamos dizer em luta pelo avanço de um processo de identidade, com consequências históricas inegáveis.

Assim, podemos comparar o aviltamento da *timé* (honra) de Aquiles com o de Rousseau. O herói genebrino, que já conta com o preconceito de não pertencer à aristocracia – não sendo portanto considerado digno de possuir *areté* (excelência) – vê-se traído pelo amigo, que o execra publicamente, humilhando-o.

Pior fez Voltaire, que, ao saber que Rousseau enviara os cinco filhos para instituições públicas, e chamando-os de filhos bastardos de uma lavadeira, imprimiu um panfleto intitulado *O sentimento dos cidadãos*, e o distribuiu pelas ruas de Paris, retratando um pai violento e cruel.

Essas e muitas outras ofensas à *timé* de Rousseau levam ao retiro inevitável. Ele deve abandonar o campo de batalha, nesse caso a própria *pólis* (o espaço público), da mesma forma que Aquiles o fez. Sua volta, porém, não tardará. Assim como Homero prepara a volta de Aquiles, sob o pretexto da morte de seu amigo Pátroclo, Rousseau prepara a sua própria, sob o pretexto da autobiografia, que é a sua espada e a sua mídia.

Essa não é apenas uma construção literária, mas a expressão imediata de seus sentimentos. Em suas próprias palavras, "É uma resolução de que jamais houve exemplo e que não terá imitador", pois "[...] ele não retomará a pena exceto para retificar a imagem anterior que deu ao mundo e da qual se apoderaram seus inimigos". Rousseau constrói, sob a égide das *Confissões*, a sua armadura de Hefestos. E com ela derrota seus inimigos e fixa sua imagem de herói mítico perante a sociedade francesa do século XVIII.

Entender o mito também é entender-se, é participar da teia de significações e conexões que constituem a realidade, mesmo que ela seja encenada. Para isso, é preciso fazer a equivalência conceitual que se expressa por meio do símbolo, reconhecer a linguagem, estar atento às imagens e, nas palavras de Goethe, entender "as relações permanentes da vida", "pois os símbolos da mitologia não são fabricados; não podem ser ordenados, inventados ou permanentemente suprimidos. Esses símbolos são produções espontâneas: cada um deles traz em si, intacto, o poder criador de sua fonte".

Mas será que ainda existe lugar para a exaltação do herói no espaço da contemporaneidade? Para o professor Mike Featherstone, autor de *O desmanche da cultura*, se o modernismo cultural "favoreceu o *éthos* anti-heroico", com a valorização do prosaico e do ordinário, na contemporânea cultura de consumo, a vida heroica ainda é uma imagem importante. Só que esta é uma pseudovida heroica, já que os heróis não são heróis, apenas "interpretam heróis". Sua valorização está na capacidade de representar efeitos dramáticos e manter um fascínio sobre si. Em outras palavras, na capacidade de tornarem-se celebridades. Como conclui Featherstone, "a característica que se exige das celebridades é que tenham uma *personalidade*, que possuam a capacidade do ator, no sentido de apresentar um eu colorido, de manter uma postura, um fascínio, um mistério".[4]

As celebridades são as estrelas do cotidiano, o eu espetacularizado. Elas acabam sobrepondo-se às próprias estrelas produzidas pela mídia no âmbito das tradicionais formas de entretenimento, como o teatro, o cinema e a TV. Quando os atores da TV Globo dão entrevistas sobre os participantes do *Big Brother Brasil*, eles estão entrando nessa lógica. É a estrela opinando sobre o anônimo que virou uma celebridade instantânea. O movimento inverso do *star system*. Até os próprios autores de novelas, acostumados a produzir estrelas, percebem esse movimento. Para Silvio de Abreu, o fenômeno é bem anterior aos *reality shows*. Em uma entrevista para o *Jornal do Brasil*, ele disse que o melhor exemplo de que vivemos na era das celebridades instantâneas é a Adriane Galisteu, que ao ter sua casa assaltada, primeiro ela chamou a revista *Caras*, depois chamou a polícia.

A atitude de Galisteu não é gratuita. A exposição da intimidade é uma das principais estratégias de sobrevivência das celebridades. Despertar com a buzina do *Programa do Gugu*, enquanto o Brasil conhece seu quarto e sua camisola (ou a falta dela), mantém a celebridade no espelho. Mais do que se identificar, o espectador se vê na figura da estrela instantânea. Aquela poderia ser a cama dele, tamanha é a intimidade que os une. A mídia cria um sentido de autossemelhança.

No artigo "Invasão de privacidade? Reflexões sobre a exposição da intimidade na mídia", a professora Maria Celeste Mira analisa a transformação histórica da noção de intimidade para defender a tese de que o conceito de intimidade das classes populares não é o mesmo das classes de maior poder econômico. Baseando suas reflexões nos filósofos Jürgen Habermas e Norbert Elias, Mira volta à Idade Média para mostrar que os cômodos das casas e palácios não eram especializados como hoje, o que só vai acontecer com a ascensão da burguesia, pois "como se sabe, a intimidade é uma criação burguesa que, como esclareceu Habermas, vai dividir o espaço social entre a esfera pública e a esfera privada, no interior da qual se situará outra ainda mais recolhida, a esfera íntima".

Durante o Antigo Regime, o mesmo aposento poderia servir para comer, dormir e até receber visitas. Na ausência de corredores, passava-se pelo interior dos cômodos para circular pelas casas. Na interpretação de Mira, "não estava aí presente a ideia de que determinadas atividades da vida diária pertenciam a uma esfera íntima". O próprio despertar do rei era acompanhado por integrantes da corte, que o auxiliavam em sua toalete matinal. O impulso de esconder a nudez ou os cuidados corporais não era tão difundido. Os banhos eram coletivos e não havia roupas especiais para dormir. Era comum pessoas de sexos e idades diferentes dormirem nuas no mesmo quarto.

Para o filósofo Norbert Elias, a partir do século XVII, começa a haver uma preocupação maior com o pudor, primeiro nas classes mais altas e depois nas mais baixas, que mantêm por mais tempo os velhos costumes. Mira defende a ideia de que essa demora se deve à pouca significação que a casa popular tem para seus moradores, já que seu espaço reflete as difíceis condições de vida dessa classe. A própria relação com a família é esvaziada de sentimentos, limitando-se a uma estratégia de sobrevivência. O verdadeiro "lugar de trocas afetivas", como observa Elias, é no interior do que ele chama de "comunidade familiar estendida", ou seja, um círculo social que incluía comadres, primos, afilhados e vizinhos. Como as carências sociais eram grandes, o isolamento representava um grande perigo para as classes baixas. Daí a sociabilidade popular funcionar como um cinturão de proteção contra o frio, a fome e outras mazelas.

Entretanto, esse raciocínio é inverso na burguesia, que passa a valorizar o isolamento e os valores ligados à família, numa tentativa de se diferenciar das classes populares. A vida profissional deve ser separada da vida familiar. A casa, como afirma o filósofo Walter Benjamim, é a expressão da personalidade do burguês. E ela vai ser individualizada, com cômodos específicos e isolados, valorizando-se a intimidade. O amor romântico, difundido pelo romance burguês, e a moral puritana também serão determinantes para a valorização da esfera íntima no imaginário da burguesia. A vida sexual pertence à intimidade.

Toda essa reconstrução histórica serve para Mira justificar a maior penetração que as revistas de fofocas e os programas invasores de privacidade na TV têm nas classes populares. Segundo a pesquisadora, as condições de vida das classes populares continuam precárias e elas ainda recorrem aos círculos de sociabilidade como estratégia de sobrevivência, identificando seus pares em locais de encontro como bares, templos ou clubes, e socializando o acesso ao espaço da casa, sem se importar com a diluição da privacidade. Da mesma forma, o modo de apropriação do conteúdo midiático também é socializado. A audiência da TV é coletiva. O aparelho é colocado na sala, de frente para a porta, e os vizinhos têm livre aceso ao sofá. A partir desse raciocínio, Mira conclui que, lendo sobre a vida das celebridades, as pessoas tornam-se cada vez mais íntimas delas, recriando o contexto do bairro ou da pequena comunidade, onde a vida privada do indivíduo interessa a todos e a intimidade é socializada. Segundo ela, "através da mídia e das novas tecnologias podem ser criados novos sentidos de comunidade: uma comunidade 'sem lugar' ou, como propõe Meyerowitz, uma comunidade que independe do local".

Mas se as classes altas valorizam mais a privacidade, inclusive no ato de assistir TV, uma vez que os aparelhos ficam nos quartos ou em ambientes específicos, não é verdade que elas sejam menos seduzidas pela exposição da intimidade das celebridades. É possível que o raciocínio de Mira refira-se mais especificamente às revistas de fofoca e aos programas de TV como *Ratinho* ou *Gugu*, pois seu texto é anterior à explosão dos *reality shows* no Brasil. A audiência do *Big Brother Brasil 1* demonstra que as classes mais altas também gostam do buraco da fechadura, o que talvez se explique pelos motivos apresentados no começo desse texto: a identificação dos personagens com a classe média e o desejo da plateia de também ser ator do espetáculo.

O fato é que todos nós conhecemos a intimidade de Kleber Bambam e a bulimia de Leka no *Big Brother Brasil I*, assim como, há anos, acompanhamos os namoros de Adriane Galisteu e Luciana Gimenez, celebridades instantâneas que já foram institucionalizadas. A vida é midiática e deve ser vivida como um espetáculo em que todo dia há um novo capítulo, e em que, invariavelmente, a intimidade está presente.

Se, no passado, era preciso ler a biografia de uma estrela para conhecer passagens de sua intimidade que ela julgasse conveniente divulgar, hoje, a biografia é escrita diariamente na mídia. O espaço dos heróis (mesmo os pré-fabricados) foi ocupado pelas celebridades. A superexposição substitui a virtude (*areté*) como valor supremo. As imagens são pré-concebidas. As histórias já foram contadas. E a encenação continua após a morte ("Elvis não morreu"). O que nos leva a refletir sobre o papel do biógrafo no mundo contemporâneo. Que tipo de discurso ele deve construir? Que linguagem empreender? Que informações priorizar? Como fugir da ilusão de que se pode apresentar a vida como uma história coerente? Como explorar as múltiplas identidades? E, principalmente, quem escolher como personagem e de que maneira evitar a "celebrização" de sua imagem?

Jornalistas, escritores, produtores, dramaturgos, cineastas, diretores e todos os outros responsáveis pelo discurso midiático estão em xeque. Se a vida é um show e a mídia é um palco, os roteiristas do espetáculo correm o risco de tornarem-se os bobos da corte.

A BIOGRAFIA SEM FIM (FRACTAIS BIOGRÁFICOS)

A teoria da biografia sem fim foi desenvolvida durante meu doutorado na PUC do Rio de Janeiro entre 1999 e 2002, e publicada em 2004. Meu objetivo era estudar um filão editorial muito explorado por meus colegas jornalistas, especialmente aqueles cansados da rotina das redações e do pouco espaço para se aprofundar nos assuntos. Refere-se às biografias, um gênero narrativo que utiliza técnicas jornalísticas e vale-se de um pacto referencial de expressão da verdade com o leitor. Entretanto, tive a preocupação de desenvolver uma teoria alternativa ao que o filósofo francês Pierre Bordieu, como já mencionei, chama de ilusão biográfica, aquela que trata a história de uma vida como "o relato coerente de uma sequência de acontecimentos com significado e direção".

A ideia é organizar uma biografia em capítulos nominais que reflitam as múltiplas identidades do personagem (por exemplo: o judeu, o gráfico, o pai, o patrão etc.). No interior de cada capítulo, o biógrafo relaciona pequenas histórias fora da ordem diacrônica. Sem começo, meio e fim, o leitor pode começar o texto de qualquer página. Cada história traz nas notas de rodapé a referência de sua fonte, mas não há nenhum cruzamento de dados para uma suposta verificação de veracidade, pois isto inviabilizaria o próprio compromisso epistemológico da metodologia. Quando a mesma história é contada de maneira diferente por duas fontes, a opção é registrar as duas versões, destacando a autoria de cada uma delas.

A interatividade pode ser conseguida ao lançar a obra junto com um site em que qualquer leitor possa contar sua própria história sobre o personagem para ser publicada na edição seguinte. Ou seja, o leitor é coautor e o biógrafo apenas um mediador, aquele responsável pela reconstrução das histórias dos outros. Enfim, uma função realmente coerente com o seu ofício. Como aplicação e exemplo dessa teoria, realizei trabalho de campo e elaborei uma biografia de Adolpho Bloch, dono da revista e da TV Manchete, morto em 1995. O texto está dividido em 19 grandes capítulos. Cada um deles contém outras pequenas histórias que tomam o capítulo como referência, em um total de 158 abordagens sobre o personagem.

Os capítulos sobre a vida de Bloch foram escritos fora de ordem cronológica e referem-se a características centrais do indivíduo, com o propósito de abordar as múltiplas e complexas identidades do biografado. Dessa forma, um capítulo conta histórias sobre o judeu, outro sobre o empresário, outro sobre o editor, e assim por diante. Cada história traz a referência de sua fonte, seja ela um livro, um amigo de Adolpho, um arquivo, seja, simplesmente, um leitor. E cada edição da biografia é lançada junto com um site, onde qualquer leitor pode deixar registrada sua própria história sobre Bloch. Nas edições seguintes, o biógrafo faz a mediação e as coloca no livro. É, de fato, uma biografia sem fim.

Ao construir uma biografia de um indivíduo tão complexo (se é que existe alguém que não seja) como Adolpho Bloch, fundador de um império de comunicações e de dezenas de outros empreendimentos, a análise totalizadora já seria, por si própria, ineficiente. A elaboração de uma biografia fracionada não só confirma a opção pela complexidade como tenta refletir a multiplicidade de identidades do biografado. Além disso, a própria opção pela interatividade, transformando o leitor em coautor, já destrói a concepção totalizante do escritor como o dono da história e também privilegia a diversidade.

Para isso, estudei um pouco de física quântica (calma, não se assuste), mais precisamente no que tange à teoria dos fractais. De forma resumida, o conceito de fractal está ligado ao de autossemelhança, e pode representar padrões de recorrência para dar conta de combinações supostamente aleatórias. Ele também está inserido no conceito de infinitude, pois é possível verificar que a realocação das histórias sobre o personagem em outros fractais de referência também seria viável, já que a ideia básica é a de que cada pequeno fractal seria uma cópia reduzida do grande, que, por sua vez, seria uma cópia reduzida do biografado. E, além de serem complementares e irregulares, essas subdivisões poderiam continuar de forma infinita, revelando novas e inexploradas visões sobre o indivíduo. Nas palavras do zen-budismo, "tudo é um, um é nada, nada é tudo".

A autossemelhança também significa a própria recorrência, ou seja, um padrão dentro de outro padrão, o que vai aumentando o nível de complexidade. Mas o conceito de padrão não significa necessariamente coerência ou regularidade. Os padrões podem ser incoerentes e irregulares, e essa pode ser a sua própria ordem. Há lógica na aparente ilógica, o que nada mais é do que o desenvolvimento de uma ordem de recriação no epicentro da desordem.

Assim como no estudo da física quântica o universo renova-se e estabelece novos sistemas a partir da instabilidade de partículas elementares, igualmente as interpretações sobre os fractais biográficos caminham para reconstruções e reordenações no interior de sua própria irregularidade. Não existe um verdadeiro biografado, apenas complexos pontos de vista sobre ele. O biógrafo assume que privilegia alguns desses pontos de vista, mas os privilégios são aleatórios, baseados na própria viabilidade de acesso às informações. Tudo o que temos são lacunas, e elas são infinitas. Não é possível contar essas histórias como elas realmente ocorreram, então limite-se a tentar torná-las interessantes e divida seu trabalho com o leitor.

A biografia prova que a palavra é mais perigosa que a espada e mais inebriante que o ópio. O biógrafo, então, deve ter consciência da falta de consciência, ou seja, ele deve saber que pode se cortar com a própria pena, um objeto sádico, incorrigível, incontrolável.

Não se preocupe em desvendar as páginas da vida alheia. Contemple-as. O rastro de sangue na folha de papel é o que identifica a biografia e os biógrafos.

Nós somos os açougueiros da alma.

ALGUNS AUTORES E OBRAS

O critério para escolher biógrafos talvez tenha sido o mais difícil entre todos os itens deste livro. Isso porque a biografia é certamente o subgênero mais difundido no Jornalismo Literário. Como há uma infinidade de autores e personagens, optei por relacionar três escritores cujas obras estiveram entre as mais vendidas no Brasil e marcaram época no mercado editorial: Peter Gay, Fernando Morais e Ruy Castro.

O livro mais famoso de Peter Gay no Brasil é a biografia de Sigmund Freud, o criador da Psicanálise. Mas a principal parte de sua obra é acadêmica. Gay trabalhou como professor de Ciências Políticas, entre 1948 e 1955, e de História, entre 1955 e 1969, na Universidade de Columbia. "Eu fui um refugiado duas vezes na vida. A primeira vez, bem mais portentosa que a segunda, começou no final de abril de 1939 quando meus pais e eu fugimos da Alemanha nazista [...] A segunda vez veio no inverno de 1955/56, na Columbia University", escreve Peter no ensaio *A life of learning*. Isto é, ele gosta tanto de biografias que incluiu a própria em um ensaio. Então, continuemos nela.

Seu cargo inicial na universidade foi no setor de Leis Públicas e Governo, em 1947. Nesse período, o professor também estava começando seu doutorado, fazendo outro curso e lecionando. Depois de cinco anos de lembranças que o trabalho sobre o governo americano lhe proporcionara, publicou seu primeiro livro: *The dilemma of democratic socialism*. O ensaio recebeu um prêmio da Columbia University Press e a primeira página do "The Times Literary Supplement", dada a ele por ninguém menos que o crítico R. H. Tawney.

Por quase duas décadas, Peter se dedicou à sua paixão pelo Iluminismo. Mas quando da publicação do livro *Voltaire's Politics*, o escritor foi arrebatado por uma nova onda de entusiasmo, dessa vez, pela Psicanálise. Na verdade, seu interesse por Freud havia começado por volta de 1950, quando um antigo colega (Franz Neumann, também refugiado da Alemanha nazista) lia sobre Psicanálise desenfreadamente, despertando a curiosidade de Gay.

Foi na escrita persuasiva de Erich Fromm sobre as implicações e aplicações sociais de Freud que Gay começou a desvendar a Psicanálise. Isso, porém, só até ler uma importante e devastadora crítica sobre o trabalho de Erich feita por Herbert Marcuse. As ideias de Fromm se tornariam, então, rasas e inocentes de tão radicais. Mas foi a partir daí que Peter Gay realmente mergulhou em Freud. Em 1968, publicou *Weimar culture*, em que fica mais do que claro o poder do "mestre" (como o autor referia-se a Freud) sobre ele, fato estampado até no nome dos capítulos: "The revolt of the sons" e "The revange of the fathers" (em tradução literal, "A revolta dos filhos" e "A revanche dos pais").

O mergulho na Psicanálise parecia não ter limites; Gay ia cada vez mais fundo em seus estudos e experiências, chegando a abrir uma observação em seu ensaio *A Life of learning* para esclarecer que não pretendia, em momento algum, largar a carreira de historiador, embora a ideia de sentar-se silenciosamente ao lado de um sofá somente para ouvir e analisar muito o atraísse.

No início de 1985, recebeu um pedido de Don Lamb (um dos poderosos da ww Norton) para escrever uma biografia de Freud. Peter adorou a ideia, em parte por ter lido um espesso volume de trabalhos e biografias do psicanalista: "Eu já tinha feito bastante dever de casa sobre Freud e achei que ele era um sujeito digno de se escrever uma biografia". Ainda em 1985, *Freud para historiadores* (publicado no Brasil em 1989) foi publicado. Mais uma vez, Gay experimentou o gosto de ser atacado por quase todos os lados. E, novamente, isso só serviu para fortalecer sua autoconfiança.

No início dos anos 1980, Peter havia topado com a burguesia vitoriana e assegurado a si mesmo não abordar a mais difamada população urbana do século XIX de uma forma tradicional. E foi assim que surgiram os volumes trazendo um estudo das classes médias europeias e americanas desde 1820 até a eclosão da Primeira Guerra Mundial – *The bourgeois experience: Victoria to Freud*, coleção de cinco ensaios publicados entre 1984 e 1998. A obra explora o lado mais negligenciado da História: o importante papel desempenhado pelas emoções humanas no traçado da cultura vitoriana. Posteriormente, em *Education of the senses*, Gay vai reexaminar o comportamento sexual e as atitudes dos vitorianos, derrubando muitos mitos e desafiando, em particular, a noção de que as mulheres burguesas não desfrutariam da sexualidade – um estudo provocativo e fascinante que marca o início de uma nova maneira de se enxergar o passado.

Saindo da Inglaterra vitoriana para o Brasil, posso dizer que Fernando Morais é provavelmente o biógrafo nacional mais bem-sucedido da atualidade. Seus livros, verdadeiros *best-sellers*, estão em todas as listas de mais vendidos. Sua trajetória de repórter começou na redação de uma pequena revista de um banco em Belo Horizonte. Na verdade, o cargo de Fernando era o de *office-boy*, mas na ausência do único jornalista da revista, acabou sendo a alternativa para a cobertura de uma coletiva iminente. Aceitou o convite e transformou-se em jornalista. Com bom humor, Fernando Morais sempre afirma que o acaso o colocou na profissão: "Dormi *boy* e acordei repórter!", brinca.

Depois, trabalhou no *Jornal da Tarde* e na revista *Veja*. Recentemente, escreveu artigos na internet para o portal IG, além de várias outras publicações paralelas na imprensa brasileira. Recebeu um Prêmio Esso e três Prêmios Abril de Jornalismo. Fernando Morais abandonou a rotina, a loucura, a pressão e a correria das redações ainda na década de 1970. Desde então, prefere atuar como *free-lancer* e dedicar-se aos livros, principalmente às suas aclamadas biografias. Nelas, retratou como ninguém os perfis de personagens marcantes da história brasileira como Olga Benário (*Olga*, adaptado para o cinema em filme homônimo) e Assis Chateaubriand (*Chatô, o rei do Brasil*). Disputou e perdeu uma vaga na Academia Brasileira de Letras para o ex-vice-presidente Antônio Marco Maciel.

Os trabalhos de Fernando Morais são marcados por riqueza de detalhes, como os delírios de Chateaubriand no quarto do hospital ou os pensamentos de Olga na prisão. O escritor exemplifica:

> Quanto mais abundante for o volume de informações obtidas durante o trabalho de pesquisa, melhor será o resultado final. E, além disso, nem sempre faço tudo sozinho, pois conto com a colaboração de ajudantes para fazer algumas pesquisas necessárias. O delírio de Chatô foi revelado por ele próprio, em um artigo escrito meses depois da trombose (lembre-se de que ele só morreria oito anos depois dela). No caso de Olga também foi ela própria quem contou a duas colegas de prisão, que entrevistei, o que sentiu quando lhe tiraram o bebê, na prisão de Barnimstrasse.

O jornalista garante que não segue uma fórmula para levantar os assuntos e pessoas (re)tratados em seus trabalhos.

> Recebo material de muita gente. De todos os cantos do Brasil me mandam sugestões de histórias ou de personagens. Às vezes a pauta

nasce por acaso. Como aconteceu, por exemplo, no caso de *Corações sujos*: uma senhora filha de japoneses, que estava sendo entrevistada para o livro *Chatô*, contou que o pai dela fora libertado por Chateaubriand depois de ter sido preso como membro da Shindo Renmei. Isso bastou para que eu fosse atrás dessa história. Já aconteceu de eu acreditar que um tema (ou personagem) daria um livro e depois perceber que não era bem assim e desistir.

Morais diz ter uma certa obsessão pela perfeição e sempre buscar aprofundar suas pesquisas o máximo possível; talvez isso seja o que o faz ser um dos autores brasileiros que mais vende livros aqui e em outros 19 países. Suas obras já ultrapassaram a barreira dos dois milhões de cópias vendidas.

Desde 1998, escreve a história do polêmico senador Antonio Carlos Magalhães, de quem afirma receber barulho suficiente para um novo livro a cada semestre:

> Quando alguém se espanta por ver um autor de esquerda fazendo a biografia de ACM, eu respondo que jornalista que não se interessa por Antonio Carlos Magalhães deveria mudar de profissão. Montar uma alfaiataria, por exemplo, ou uma corretora de valores. É que há autores que preferem escrever sobre personagens com os quais tenham algum tipo de proximidade ou de simpatia. Não é o meu caso. Interessam-me personagens cujas histórias permitam contar um pouco da história que não nos foi contada nos bancos de escola. E o senador Antonio Carlos Magalhães, sem nenhuma dúvida, está nessa categoria.

Ainda segundo ele, desde Juscelino Kubitscheck, nenhum outro político permaneceu no poder e sob os holofotes da mídia ininterruptamente, salvo pelo breve hiato do governo Itamar Franco. E, parafraseando Darcy Ribeiro, conclui dizendo que "o Brasil é ótimo, o que falta é gente para contar".

A habilidade de Morais em contar histórias oferece ao leitor muito mais do que informação simples e insípida.

> Eu procuro dar aos meus livros um tratamento estético que algumas pessoas chamam de literário. O que é isso? Simplesmente tentar dar ao texto final a fluência, a elegância e a sedução de uma obra literária. Isso não é algo que ocorra por acaso, eu sofro muito para chegar à forma final.

E mesmo após reescrever 10, 12, 15 vezes um parágrafo ou um capítulo, é comum eu bater os olhos em um exemplar impresso do livro e ficar certo de que aquele trecho poderia ter ficado melhor.

Em 2006, Fernando Morais dedica-se a duas biografias que terão grande impacto na sociedade brasileira, uma delas com repercussões internacionais: José Dirceu e Paulo Coelho. Entre o ministro cassado e o mago das letras, Morais bebe vinhos franceses, fuma charutos cubanos e costuma ser flagrado em passeios pela orla carioca.

Promete não omitir nada.

O mesmo tipo de promessa que outro grande biógrafo brasileiro garante cumprir em todos os seus livros. Refiro-me a Ruy Castro, que além de recuperar a memória da bossa nova com o livro *Chega de saudade*, escreveu a biografia de Nelson Rodrigues, a quem chamou de *O anjo pornográfico*, bem como a de Garrincha e a de Carmen Miranda – respectivamente, *Estrela solitária* e *Carmen*.

Quando questionado sobre a motivação de sua obra, Castro deixa claro que não é saudade de um passado (que, em alguns casos, ele próprio não viveu), nem nostalgia. Ele tem a intenção de simplesmente marcar nossa História.

> O fato de ter passado, não significa que tenha se evaporado. Se fosse assim, você nunca iria estudar o Egito antigo, nem Roma, nem a Grécia, também não ia ouvir o Beethoven, nem o Bach. O passado é a cultura acumulada, que faz parte do patrimônio da humanidade e do acervo pessoal de cada um. Eu notava que havia uma lacuna no Brasil em termos de reconstituições de coisas brasileiras interessantes dos anos 30, 40, 50, 60. Eu queria saber como tinham acontecido algumas coisas e não tinha como. Eu sempre gostei de Bossa Nova, mas não sabia como tinha sido feita [...]. O Garrincha é outro exemplo. Vi o Garrincha jogando, sabia por alto da história dele, mas eu imaginava que deveria ter coisas muito mais importantes por trás daquilo, que nunca eram reveladas. Então, eu me dispus a investigar.

Ruy desenvolveu um método peculiar de pesquisa. Sempre bem-humorado, atribui muito de seu sucesso como escritor às leituras de base. Sentado ao lado do velho amigo Sérgio Augusto, também jornalista, durante a Bienal Internacional do Livro de 2004, em São Paulo, concluiu: "Se há uma coisa a que fomos chegando a um acordo nessa conversa foi que nós tivemos muita sorte de não termos começado a ler livros nem pelo Foucault nem pelo Jacques Derrida, que, aliás, nem existiam na época, felizmente...".

Em um recente encontro com o "titã" (e escritor) Tony Bellotto, foi abordado pelo fascínio do músico: "É incrível, porque você escreve de um jeito que a gente começa a ler e não consegue parar!"; ao que, com bom humor sempre engatilhado, Ruy respondeu: "Pois é, porque as partes chatas eu deixo de fora, entendeu?" Risos amarelos de um lado e sinceros de outro. Depois, em tom mais sério, continuou:

> O segredo está na apuração. Se você apura direito, se tem as informações, a história meio que se conta sozinha. Aí é que entra essa tarimba do jornalista, do repórter, de saber o que perguntar, como perguntar, saber ouvir, tomar nota, saber reproduzir, e depois saber organizar as informações... Você tem que ter clareza, veracidade e coerência quando escreve. Se puder botar um pouco de charme e um pouco de humor, melhor....

E se não? "Paciência..."

NOTAS

1. Felipe Pena, Teoria da biografia sem fim, Rio de Janeiro, Mauad, 2004, p. 20.
2. Carlos Lacerda, Rosas e pedras de meu caminho, UnB, 2001, p. 81.
3. Robert Darnton, O grande massacre de gatos, Rio de Janeiro, Graal, 1988, p. 268.
4. Mike Featherstone, O desmanche da cultura, São Paulo, Nobel, 1997, p. 97.

CAPÍTULO VI

O romance-reportagem

Um dia, comecei a escrever, sem saber que me acorrentara por toda vida a um senhor nobre, porém implacável. Quando Deus lhe dá um dom, ele também lhe dá um chicote; e o chicote se destina apenas à autoflagelação... Estou aqui sozinho na escuridão de minha loucura, sozinho com meu baralho – e, é claro, o chicote que Deus me deu.
Truman Capote

A dúvida sempre foi sua única certeza. Em tudo, em todos os momentos, em qualquer lugar. Uma onipresente companheira. Daquelas que fazem companhia sem livrar da solidão. Um fardo, uma cruz, uma sombra. Todas as representações e metáforas juntas, em um nítido e claro conluio contra ela. Uma tormenta constante, impedindo-a de tomar decisões.

Na dúvida, dizia "não sei". Ou, então, "talvez". Ou "pode ser". Ou "é!?" Simplesmente "é!?" Aquele "é" de quem não diz que sim, nem que não! Apenas concorda, sem querer concordar ou discordar. Um *é* sem muita força e nenhuma convicção. Muito usado para responder ao convite da amiga do salão de beleza: "Aparece lá em casa, querida!". "É", diz, em alto e bom som. E tenta não levar em conta o fato de que ela não lhe deu o endereço. Talvez, deva telefonar. Até as claras intenções ou a falta delas a deixam em dúvida. "Sei lá, viu?!" Para dizer a verdade, não estava muito certa sobre a melhor representação da dúvida. Qual a melhor palavra para defini-la? Talvez seja melhor usar uma expressão!? É, pode ser.

Definitivamente, escolher nunca foi o seu forte. Chupetas, bonecas, sutiãs, namorados, maridos. Uma cronologia de escolhas que revelava o fracasso completo de suas decisões. Quer dizer, se é que elas foram tomadas! Porque sempre teve quem escolhesse por ela, aliviando seu fardo e sua incompetência. Embora desde cedo a mãe tenha tentado torná-la menos indecisa, amarrando duas chupetas de cores diferentes em seu pescoço, para que elegesse uma. Entre a rosa e a vermelha, ficava com as duas, e teve como resultado a boca torta e o tratamento ortodôntico para corrigir os excessos de tamanha indecisão.

Os maridos sempre a censuraram por causa das dúvidas. Todos os quatro. Ou melhor, cinco? Não, quatro, porque um não chegou a assinar a papelada. Desistiu dela antes da cerimônia, influenciado pela leitura de seu diário, que relatava alguns casos que tivera. Um grande idiota este quase marido. Não conseguiu separar ficção de realidade no diário de uma mulher indecisa. E o sujeito era chegado a extremos. Gostava de palavras fortes e certeiras, enquanto o campo semântico dela restringia-se a um "talvez" aqui, um "quem sabe" ali, ou um "pode ser" acolá. Mas gostava dele.

Humberto era jornalista. E se orgulhava disso. Trabalhava em um grande jornal carioca, e fazia questão de ostentar seu crachá. Estava sempre certo de tudo. "Precisão, minha cara, precisão. Jornalismo é precisão. Trabalhamos com fatos, com dados concretos." Tinha uma autoconfiança invejável. Sabia o que queria e o que não queria. Sempre verificava suas informações e não admitia um único erro. Em quase dois anos de namoro, nunca viu Humberto hesitar. Até na hora de lhe dar um pontapé na bunda, ele foi simples e objetivo. "Já apurei tudo. Os fatos estão documentados e depõem contra você. Amanhã passo no seu apartamento e pego o resto das minhas coisas. Tchau."

Sem saber, Humberto foi a última pessoa a fazer uma escolha por ela. A partir daquele momento, ela seria exatamente como seu quase marido. Ele tinha o antídoto, a fórmula mágica, o elixir. Aquela era a profissão que queria seguir. Seus dias de indecisão estavam contados!!!

Talvez.

Mais uma história. Mais um enredo. Mais uma ficção. Ops!!! Exatamente a palavra que não cabe no conceito de romance-reportagem.

Não pode haver dúvida. Nesse tipo de narrativa, o autor não inventa nada. Ele se concentra nos fatos e na maneira literária de apresentá-los ao leitor. Trata-se do cruzamento da narrativa romanesca com a narrativa jornalística. O que significa manter o foco na realidade factual, apesar das estratégias ficcionais.

Claro que os conceitos de realidade e ficção não são absolutos. Eu mesmo mencionei na introdução que o fatício no Jornalismo Literário não se baseia na veracidade, mas sim na verossimilhança, ou seja, na mimetização da realidade. Entretanto, preciso deixar bem clara a diferença entre o romance-reportagem, abordado neste capítulo, e a ficção-jornalística, que será estudada no próximo. Enquanto o primeiro usa adereços literários para aprofundar a abordagem sobre fatos reais, a segunda apenas parte desses mesmos fatos para construir seu enredo, que será complementado por novas narrativas inventadas pelo autor.

Em outras palavras, quem faz romance-reportagem busca a representação direta do real por meio da contextualização e interpretação de determinados acontecimentos. Não há preocupação apenas em informar, mas também em explicar, orientar e opinar, sempre com base na realidade. Pode até ser que a narrativa se aproxime da ficção, mas isso nunca é feito deliberadamente, ao contrário da ficção-jornalística, que tem na inventividade um componente essencial de suas estratégias.

Como exemplo de romance-reportagem, posso citar os livros *Lúcio Flávio, o passageiro da agonia*, de José Louzeiro, e *Corações sujos*, de Fernando Morais. Louzeiro é um conhecido roteirista de cinema, que domina as técnicas narrativas. Seu livro tem um ritmo ágil e abusa dos diálogos para contar a história de um bandido de classe média cuja morte na prisão, em 1975, acabou revelando um grande esquema de corrupção na polícia carioca. Fernando Morais, por sua vez, retrata a organização clandestina Shindo Renmei, que se recusou a aceitar a derrota do Japão na Segunda Guerra Mundial e promoveu uma série de assassinatos no Brasil.

Ambos os livros podem ser lidos como romances, embora tenham compromisso fundamental com os fatos. Os autores realizaram pesquisas exaustivas, fizeram dezenas de entrevistas e se propuseram a contar a verdade, sem inventar nada. Da proposta à meta, talvez possa haver uma discussão de viabilidade. Mas a intenção define o estilo. Os temas são abordados de forma objetiva, ainda que os ângulos subjetivos modulem a narrativa.

Há vários outros exemplos que podem ser citados. Só para continuar no Brasil, vale lembrar de *Rota 66*, de Caco Barcellos; *Cabeça de papel*, de Paulo Francis; *Reflexos do baile*, de Antonio Callado; e *A festa*, de Ivan Angelo. E eu ainda poderia continuar indefinidamente.

Para finalizar, mais um pitaco na conceitualização do tema. Segundo o teórico da comunicação Rildo Cosson, um dos poucos a escrever um livro sobre o assunto, o romance-reportagem é um gênero autônomo situado entre dois discursos, o literário e o jornalístico. "Por um lado, não é jornalismo, uma vez que é romance; por outro, não é literatura, uma vez que é reportagem."[1]

Cosson admite a dificuldade de classificação genérica nos tempos atuais, ditos pós-modernos, em que há uma diluição das fronteiras epistemológicas, ontológicas e estéticas. Entretanto, acredita que isso reforça ainda mais a necessidade de enquadramentos. Ele cita o crítico Davi Arrigucci Jr., para quem o romance-reportagem está formalmente ligado ao naturalismo e tem fins alegóricos, chegando à conclusão de que há duas formas de abordar o conceito: uma a partir dos modos de narrar e outra pela identificação de tendências.

A primeira delas é mais fácil de visualizar, pois concentra-se no próprio discurso, ou seja, nas características romanescas e jornalísticas presentes na linguagem. A outra, no entanto, é um pouco mais complexa e promove novas divisões. É assim, por exemplo, que são identificados os romances-reportagens sobre a ditadura militar no Brasil, uma tendência presente em livros como *O que é isso, companheiro?*, de Fernando Gabeira, e *Os Carbonários*, de Alfredo Sirkis. O crítico Silviano Santiago chama essas obras de parajornalismo, pois seu principal fim é a denúncia sociopolítica.

Mas Silviano adverte que a censura não pode ser tomada como explicação direta para o fenômeno. A resistência às arbitrariedades do regime militar representa apenas a identificação de uma tendência. Nas palavras de Davi Arrigucci Jr., a verdadeira marca do romance-reportagem é "o desejo de representar diretamente o real". Uma espécie de neonaturalismo que retoma o discurso social.

O conceito também poderia estar contido em outro, mais abrangente, que é o de livro-reportagem. Mas não haveria distinção entre o uso deliberado ou não da ficção. Segundo o crítico Edvaldo Pereira Lima, no entanto, o livro-reportagem engloba apenas o real factual, seja na veracidade ou na verossimilhança, já que seus procedimentos operacionais são jornalísticos. Mas para melhor definir o termo, ele utiliza a explicação da professora Nanami Sato, para quem a definição está contida em uma simples recomendação aos profissionais: "Em lugar da atualidade, o Jornalismo de profundidade deve buscar ler a contemporaneidade".[2]

OUTRAS CLASSIFICAÇÕES

Você já viu como é difícil classificar as diversas tendências do Jornalismo Literário. Há muitos caminhos, muitos conceitos, muitas ideias. Nenhuma delas é absoluta, mas cada uma contribui para o estudo do tema. O que quero com este livro é propor mais uma generalização, embora confesse que meu real objetivo é divulgar o estilo. Se um único leitor se interessar pela obra de Hunter Thompson ou por um texto de Gabriel García Marquez já terei cumprido minha missão.

Além disso, também quero identificar outros professores que são entusiastas do Jornalismo Literário. Um deles é Edvaldo Pereira Lima, criador do site www.textovivo.com.br, junto com outros três docentes: Rodrigo Stucchi, Celso Falaschi e SergioVilas Boas. Nesse site, estão outros conceitos relacionados ao romance-reportagem e ao Jornalismo Literário em geral. Registrarei, porém, alguns deles aqui, mas se você quiser ler textos sobre o assunto ou simplesmente saborear as narrativas, não esqueça de "clicar" no domínio do professor Edvaldo.

Para começar, o próprio conceito de Jornalismo Literário, que é caracterizado como uma modalidade de prática da reportagem de profundidade e do ensaio jornalístico utilizando recursos de observação e redação originários da (ou inspirados pela) Literatura. Traços básicos: imersão do repórter na realidade, voz autoral, estilo, precisão de dados e informações, uso de símbolos (inclusive metáforas), digressão e humanização.

Outro conceito é o de Jornalismo Literário Avançado, que é uma proposta conceitual e metodológica de prática proativa do Jornalismo

Literário, delineada por Edvaldo Pereira Lima, incorporando conhecimentos de vanguarda provenientes de vários campos, como a Psicologia Humanista, a Física Quântica, a Teoria Gaia, a Teoria Geral de Sistemas. Instrumentos: histórias de vida organizadas em torno da Jornada do Herói e o método da Escrita Total.

Mas o que é Jornada do Herói? O site responde: é uma estrutura narrativa organizada numa combinação de estudos mitológicos de Joseph Campbell e da psicologia de Carl Gustav Jung, por Christopher Vogler, consultor de roteiros de cinema nos Estados Unidos. Utilizada por Steven Spielberg e George Lucas. Adaptada para narrativas do real por Edvaldo Pereira Lima. Testada no ensino de Jornalismo por Monica Martinez Luduvig em tese de doutorado na ECA/USP.

E o que é a Escrita Total? Mais uma resposta concisa: é o método de produção de textos criativos, criado por Edvaldo Pereira Lima, tendo como parâmetro básico a Teoria dos Hemisférios Cerebrais, cuja comprovação garantiu ao neurologista Roger Sperry o Prêmio Nobel de Medicina e Fisiologia de 1981. Utilizado como ferramenta de sensibilização, pauta, observação e texto em Jornalismo Literário Avançado.

E há ainda a Narrativa de Transformação, que tem com proposta a utilização proativa do Jornalismo Literário, do Jornalismo Literário Avançado e da Literatura da Realidade em processos narrativos visando a contribuir para a transformação da sociedade por intermédio da ampliação da consciência das pessoas. Conceitos-chave: a cocriação da realidade, a Teoria dos Campos Morfogenéticos e o pensamento produtivo complexo.

Por último, a Literatura de Realidade, que é sinônimo de Jornalismo Literário e Literatura de Não Ficção. Aplica-se à prática da narrativa sobre temas reais, empregando reportagem – o ato de relatar ocorrências sociais – sob um conceito espaçotemporal e de método mais amplo do que nos periódicos. Praticada por jornalistas, escritores, historiadores e cientistas sociais.

Entendeu? Então deixa de preguiça e "clica" lá no site.

ALGUNS AUTORES E OBRAS

Novamente, enfrentei algumas dificuldades para indicar apenas alguns autores representativos do item. E pelo mesmo motivo do subgênero anterior: o excesso de escritores e obras. Embora, mais uma vez, também tenha falado sobre livros e autores no interior da própria discussão teórica. Por isso, optei por usar como critério para esta relação complementar a escolha de um autor nacional e outro estrangeiro que tenham feito um tipo de relato que considero um dos mais difíceis de realizar, em virtude do extremo perigo que envolve sua construção. Refiro-me ao romance-reportagem sobre guerra, cujos autores, além do talento jornalístico e literário, também devem ter coragem e desprendimento ilimitados.

Arrisco-me a dizer que o Brasil foi descoberto por um correspondente de guerra. Sem dúvida, foi pelas letras de Euclides da Cunha que o país tomou contato com a triste realidade de seus "Sertões". E o autor acabou cobrindo a guerra de que trata seu famoso livro por acaso, como mostro na historinha a seguir:

Em 1896, o primeiro-tenente Euclides da Cunha, respeitado oficial do Exército brasileiro, aposentou-se da vida militar e intensificou suas atividades como engenheiro e escritor. No ano seguinte, destacou-se nos jornais com dois artigos que remetiam à recém-declarada Guerra de Canudos, intitulados *A nossa Vendeia*. O sucesso de seus artigos lhe renderia um inusitado convite para atuar como repórter de guerra em Canudos pelo jornal *O Estado de S. Paulo*.

Euclides não chegaria a presenciar o trágico fim daquela guerra, mas sua experiência em Canudos acabaria por servir de base para a principal obra de sua vida, a já mencionada *Os sertões*, publicada em 1902, que lhe renderia além do reconhecimento nacional, a honra de ser imortalizado na Academia Brasileira de Letras e no Instituto Histórico e Geográfico Brasileiro.

O livro não tem uma leitura fácil. É recheado de descrições e detalhes, sem preocupação estilística com o enredo do conflito em si, embora ele esteja presente no relato. Mas foram justamente essas características que garantiram a perenidade da obra e do autor. Ao descrever a geografia inóspita do sertão nordestino, Euclides da Cunha proporcionou a descoberta de um país até então desconhecido para a grande maioria dos brasileiros. E seu nome tornou-se um ícone da Literatura Brasileira.

Dois anos após a publicação de *Os sertões*, Euclides seria novamente convidado a participar de uma missão militar e geográfica: foi nomeado chefe da comissão brasileira responsável pela delimitação das fronteiras entre o território brasileiro e o peruano. Essa experiência também não poderia passar impune ao crivo do jornalista e acabou por render, três anos mais tarde, uma série de artigos intitulada "Peru *versus* Bolívia". São artigos pouco conhecidos do grande público, mas de valor geográfico, político e histórico inestimáveis, além de conterem uma análise sociológica precisa das relações latino-americanas.

Pelo lado estrangeiro, optei por destacar o americano John Reed, autor do célebre *Dez dias que abalaram o mundo*, o mais famoso relato sobre a Revolução Russa de 1917. O livro é literalmente um diário de bordo, em que o envolvimento do autor com a causa que está cobrindo torna-se bastante evidente. A linguagem é clara e os fatos são narrados com paixão.

Reed teve sua primeira grande experiência como repórter de guerra em 1914, quando recebeu um convite da *Metropolitan* para viajar como correspondente ao México e acompanhar de perto a rebelião liderada por Pancho Villa. Em pouquíssimo tempo, já se encontrava no epicentro da Revolução Mexicana, viajando pelo país com Villa e mandando aclamadas histórias dos bastidores revolucionários. Segundo Walter Lippmann,

> [...] A melhor reportagem de todos os tempos! A variedade de suas impressões, os recursos e as cores de sua linguagem pareciam inesgotáveis. E a revolução de Villa, até aí reportada somente como um pequeno estorvo, começa a se desenrolar numa multidão de pessoas "motivadíssimas" [...].

Entretanto, a coleção desses artigos de Reed (chamada *Insurgent Mexico*) não foi muito admirada nas escolas de Jornalismo. Afinal, não se tratava do desejado "Jornalismo objetivo", mas sim de fragmentos de apoio à revolução.

Em 1915, Reed voltou à guerra. Mas dessa vez, para a Rússia. Mais precisamente para as aldeias queimadas e saqueadas por cossacos, onde presenciou o genocídio de judeus e ciganos. De volta à América, ouviu infindáveis relatos sobre a "prontidão militar contra os prováveis inimigos europeus" e escreveu para o *The Masses* que o único inimigo do cidadão e trabalhador americano eram os 2% da população que concentravam 60% da riqueza nacional; "convocamos o trabalhador a se defender daquele inimigo. Essa é a nossa 'prontidão'!".

Já em abril de 1917, quando Woodrow Wilson pediu ao Congresso que declarasse guerra contra a Alemanha, um novo artigo de Reed chegou ao *The Masses*: "Guerra significa uma loucura terrível, que crucifica os que dizem a verdade e choca os artistas. Essa guerra não é nossa!".

Reed foi para a Rússia acompanhar de perto a Revolução Comunista com ajuda financeira de Max Eastman e alguns outros amigos (apesar de ele ser um dos jornalistas americanos mais bem pagos da época). Identificou-se imediatamente com os bolchevistas. Em 1919, começou a escrever para o *The New Comunist* e editou o *Voice of Labour*. Reed encontrou-se várias vezes com Lenin, de quem se tornou amigo.

Durante a Revolução, Reed tentou sair da Rússia pela Letônia, mas foi impossível evitar as linhas de batalha entre os exércitos branco e vermelho. Como alternativa, usou um velho artifício conhecido pelos bolchevistas: infiltrar-se num navio e esconder-se dentro de um compartimento usado para guardar carvão. A aventura durou pouco e ele foi preso carregando 102 diamantes, uma grande soma em dinheiro e cartas escritas por Lenin e Trotsky. O suficiente para ser acusado e condenado por contrabando.

Na prisão, escreveu poesias e romances nunca terminados. Foi solto em junho de 1919 e morreu em Moscou no ano seguinte, vítima do tifo. Estava na Rússia fazendo discursos e palestras desde que saíra da cadeia. A popularidade de Reed como líder revolucionário levou à criação de inúmeras associações para homenagear e discutir sua obra por todos os EUA. Sua vida foi retratada no premiado filme *Reds*, de 1981, baseado em sua mais famosa obra.

NOTAS

1. Rildo Cosson, Romance-reportagem: o gênero, Brasília, UnB, 2001, p. 9.
2. Edvaldo Pereira Lima, O que é livro-reportagem, São Paulo, Brasiliense, 1993, p. 20.

CAPÍTULO VII

A ficção jornalística

*Literatura não estraga fora da geladeira
nem fora da universidade.*
Fabrício Carpinejar

Mãe, devo concorrer para presidente?
Roger Waters

Quando os tiros começaram, Adriana já estava descendo o Morro do Turano. O ruído seco e intermitente era inconfundível. Fuzis AR-15, AK-47, Sig-Sauer. Com munição capaz de atravessar os carros blindados dos figurões da sociedade carioca, pseudoprotegidos em sua arrogância metálica com pneus Firestone e vidros duplos. Os mesmos que financiavam os traficantes por um pouco de brilho na noite de Ipanema. Que entupiam as narinas de pó e fumavam a própria dignidade em busca de uma dose violenta de qualquer coisa, como no poema de Ginsburg. Que avançavam sinais e furavam filas. Que davam esmola na rua e perdiam a carteira para o pivete da bicicleta. Que tinham medo da empregada favelada ou do filho do porteiro brincando com sua prole dourada nos jardins de condomínios fechados, entre balaústres e preconceitos. A cidade partida de Zuenir Ventura. O Rio de Janeiro dos estereótipos confirmados pelo noticiário policial.

"Tá tudo dominado", pensou, repetindo um velho refrão de baile *funk*, enquanto corria em fuga pelos becos da favela, pulando latas de lixo e derrubando os varais de roupa pelo caminho. Sempre pensava nas letras daquele tipo de música quando entrava em desespero. Não sabia o motivo. Simplesmente acontecia. Não chorava, não tremia, não gritava. Só conseguia repetir os versos populares do ritmo conhecido como batidão, o mais tocado nas festas das comunidades carentes que ela frequentava desde que entrara para a faculdade de Enfermagem. Algumas disciplinas do curso exigiam a participação em trabalhos comunitários, o que acabava aproximando os jovens universitários de classe média das opções de lazer dos favelados. No Turano, então, a presença dos estudantes era ainda maior, pois a universidade de Adriana, na zona norte do Rio, ficava praticamente dentro do morro, com os muros que a separavam da favela tomados por barracos de madeira podre e alvenaria desbotada. As fronteiras eram tênues, quase inexistentes.

A saraivada de balas não a assustou. Não era esse o motivo de seu desespero. Como os tiroteios eram constantes, os alunos tinham a capacidade de identificar a procedência da munição. Faziam até brincadeiras de adivinhação e bancas de aposta. Para eles, nada mais banal do que a violência. O homem que a perseguia usava um revólver calibre 38, não tinha um fuzil. Portanto, ela não era o alvo daqueles tiros. Pelo menos, ainda não. Enquanto pudesse se deslocar pelos becos que conhecia, estaria protegida pelo caos de tijolos empilhados na cartografia irregular do morro. Mas precisava chegar até o *campus* e se misturar entre os colegas.

"Pra subir lá no moooooorro atééé o BOPE treeeme; não tem pra civil, também não tem praaaaaa PM." Pensou em outro sucesso dos bailes. "Os alemães vão pra vala, Uh!, Uh!." Era o refrão preferido. O *funk* fora criado como expressão cultural das comunidades carentes, mas as letras relacionadas ao crime se multiplicavam a cada dia. Os eventos só podiam ser realizados com a permissão dos traficantes. Em alguns casos, eles faziam até a segurança contra os alemães, que podiam ser tanto bandidos rivais como a própria polícia, também identificada pelo carinhoso apelido de "os vermes". Uma guerra particular, cujos lados nem sempre eram facilmente determinados. Havia os policiais corruptos, responsáveis principalmente pelo fornecimento de armas e pela escolta dos bondes, as famosas caravanas de carros roubados que levavam as drogas até o morro. Havia também os informantes, conhecidos como X9s, que se infiltravam nas quadrilhas ou simplesmente deduravam os marginais. E, no meio do conflito, é claro, a grande maioria: os moradores das áreas pobres da cidade. Poderia ser o enredo de um filme *noir*, mas era a pura realidade carioca. Quase inverossímil de tão verdadeira.

A poucos metros de um portão enferrujado, utilizado como rota de fuga pelos traficantes, ela tropeçou em um pneu velho cheio de água e rolou por uma pequena ribanceira até cair na laje de outro barraco, onde estavam duas crianças de 4 e 5 anos em companhia da mãe, cuja reação foi de absoluta indiferença, limitando-se a levar os filhos para baixo e evitar o contato visual com a fugitiva. A superfície áspera do cimento não amorteceu a queda. Adriana sentiu uma dor aguda durante o choque com o solo. Havia pequenas pedras misturadas a cacos de vidro, além de pedaços de cerâmica em forma pontiaguda. O ombro direito se deslocou, pressionando o músculo deltoide e causando uma luxação. No rosto e nas mãos, vários ferimentos provocados pelos objetos cortantes. Um pequeno filamento de sangue escorreu pela cabeça, empapuçando os cabelos lisos, bem tratados, e turvando os olhos verdes escandinavos.

"Eu só queeeero é ser feliz. Andar tranquilamente na faveeeela onde eu nasci. E poder me orgulhaaaaar..." De quê? Orgulhar de quê? Mesmo os *funkeiros* e *rappers* mais politizados reconheciam a baixa autoestima dos pobres pretos favelados, a trilogia da exclusão na Cidade Maravilhosa. "Essa letra não faz sentido algum." Não fazia mesmo. A pobreza sempre fora discurso de intelectual ou político em véspera de eleição. Nunca houve ações coordenadas entre poder público e sociedade civil para a inclusão social, outro termo gasto. Clichê da esquerda saudosista de Stalin. Assim como *cidadania*, a palavra mais "clichelenta" das páginas empoeiradas do dicionário.

A queda na laje chamou a atenção do homem que a perseguia. Um grito seco, encarniçado, de quem não consegue conter a dor, ecoou pela favela, e, por alguns momentos, abafou o som beligerante do lugar. Guiado pelo ruído estridente, quase um uivo de sofrimento, o homem imediatamente mudou a rota e dirigiu-se para o lado oeste do morro, em direção à universidade. Apesar de não pertencer à comunidade, passou despercebido pelos moradores. Nem a correria e a ansiedade foram notadas.

> Quando entrou no *campus*, tudo já havia acontecido. Adriana estava caída ao lado de um banco na lanchonete. Quem teria atirado?

A história anterior foi inspirada nas páginas de jornais. É parte de outro conto sobre Jornalismo que estou escrevendo. Tudo é ficção, mas refere-se a um fato amplamente divulgado na imprensa, mais especificamente ao trágico incidente ocorrido em uma universidade carioca em maio de 2003, quando uma estudante foi baleada no meio do *campus*. Obviamente, a história não ocorreu conforme a minha narração, embora ela seja verossímil. Até hoje, a polícia não desvendou o caso. Ninguém sabe quem atirou nem de onde partiram as balas. O que faço, então, é "ficcionalizar" as informações jornalísticas, acrescentando dados e situações, além de descrever um possível diálogo interior da personagem.

A ficção-jornalística não tem compromisso com a realidade, apenas a explora como suporte para a sua narrativa. Diferentemente do romance-reportagem, cujo objetivo essencial é a reconstrução fiel dos acontecimentos. Como já disse, ambos acabam trabalhando mais com a verossimilhança do que com a veracidade. A diferença está na intenção ou não de fazer ficção. O autor de ficção-jornalística inventa deliberadamente, enquanto o escritor de romances-reportagens está impregnado pela promessa solene do Jornalismo de relatar somente a verdade factual, ainda que isso não seja ontologicamente possível.

No final das contas, acaba prevalecendo uma nova realidade, pois ela sempre é socialmente construída, seja pela linguagem, pela cultura ou pelas forças políticas e sociais. Na maioria das vezes, por todos esses fatores juntos. Não existe um real acabado, definitivo, que seja a expressão absoluta da verdade. Estamos sempre construindo o cotidiano, inserindo novos dados e novas interpretações que alteram nossa cognição sobre o mundo que nos cerca.

O mesmo acontece com o passado. Ele também não está pronto. É reconstruído diariamente nos discursos articulados no presente. Carrega símbolos e promove interpretações que mudam suas significações e o transformam em um "novo passado". E esse movimento é infinito.

Pense bem. Até mesmo quando você presencia um acontecimento e o conta para alguém, sua narrativa não é a realidade absoluta, mas apenas uma reconstrução possível, conforme já mencionei no capítulo sobre biografias. O fato foi filtrado por seus sentidos e reportado por intermédio da linguagem. Só essas duas características já seriam suficientes para demonstrar a impossibilidade de narrar a realidade imediata, sem alterações.

Na ficção-jornalística, os autores conhecem os limites da reportagem, porém, na maioria das vezes, já trabalharam na imprensa e exerceram o pacto de "referencialidade" com o leitor, ou seja, tinham o compromisso de se ater apenas aos fatos, de forma concisa e objetiva. O que os levou a escrever ficção foi exatamente a vontade de romper esse compromisso, sem, entretanto, deixar de usar os instrumentos do Jornalismo.

O escritor Carlos Heitor Cony utiliza uma metáfora aquática para explicar a diferença. Para ele, o jornalista na redação é como um peixe no aquário, enquanto, ao escrever ficção, ele nada em pleno oceano. Cony trabalhou como jornalista nos principais veículos da imprensa nacional, mas fez carreira trabalhando para Adolpho Bloch no Grupo Manchete. Sua obra literária é marcada pela profissão que escolheu. O livro *Quase memória* é um exemplo disso. Nele, o escritor mistura relatos verdadeiros, passados em ambientes reais, com a "ficcionalização". A realidade é reconstruída a partir do jornalista, mas ele não se prende aos limites do compromisso com a verdade. Daí o título de "quase memória", pois a maior parte do enredo escapa dela.

Outro escritor brasileiro, Deonísio da Silva, envereda pelo mesmo caminho. Apesar de nunca ter sido jornalista, ele dirige a Faculdade de Comunicação da Universidade Estácio de Sá, maior do país em número de alunos de comunicação. O que não deixa de ser sintomático: um ficcionista no comando de um curso que ensina a relatar a realidade. Deonísio projeta um olhar crítico sobre a Guerra do Paraguai no romance *Avante, soldados: para trás* por meio da "ficcionalização", estratégia muito eficiente para caracterizar este cruel episódio da história brasileira e latino-americana. O autor foi seminarista e o cenário de outro de seus romances, *Teresa, namorada de Jesus*, é exatamente um seminário. Ele descreve com precisão o ambiente entre os jovens meninos candidatos ao sacerdócio, como se fosse um repórter de si mesmo. Mas acrescenta a narrativa ficcional, que dá ainda mais realismo ao enredo.

É o que propriamente se convencionou chamar de Realismo Fantástico, um movimento literário latino-americano de muito prestígio, também pode ser classificado como ficção jornalística. Seu maior representante, o colombiano Gabriel García Marquez, Prêmio Nobel de Literatura, até hoje trabalha como jornalista. Seus livros são mágicos, deixam clara a opção pelo ficcional, mas estão construídos sobre a realidade política do continente. O leitor de *Cem anos de solidão*, por exemplo, pode identificar a opressão de um povo nas entrelinhas da história da família Buendia. Também em *O General em seu labirinto*, a ficção baseia-se em um personagem real, o lendário Simón Bolívar. O mesmo acontecendo com outros importantes nomes do movimento, como Mario Vargas Llosa e Tomás Eloy Martinez. Até nas histórias mais fantásticas, os autores estão sedimentados sobre os acontecimentos do cotidiano. A ficção apenas confirma a triste realidade. Diferentemente do Realismo propriamente dito, em que autores como Graciliano Ramos (no livro *Vidas secas*, por exemplo) baseiam seus enredos em uma construção originariamente ficcional. Muito embora esses mesmos enredos pudessem passar tranquilamente por fatos reais, caso sua origem não fosse explicitada, tamanha é a verossimilhança.

No entanto, entre todos os autores de ficção-jornalística, Antonio Pastoriza é o que talvez esteja mais inserido no conceito. Sua própria vida é objeto de dúvidas entre os pesquisadores, sendo a maior parte pura obra de ficção. As informações biográficas sobre o escritor são desencontradas, os registros imprecisos e seus próprios amigos e parentes tratam de alimentar o mito em torno dele, sempre criando novas histórias – nem todas fictícias. Só é difícil diferenciá-las. Ele não dá entrevistas, assina livros com pseudônimos, evita ser identificado, inventa relatos sobre si mesmo e é quase impossível encontrar seu nome em um site de buscas na internet. Garante que só escreve sobre o que leu nos jornais, usando apenas o que chama de metáforas alegóricas ficcionais para, segundo ele, tornar a realidade mais real. Para justificar o método, usa a frase de um de seus personagens: "Só as alegorias alcançam descrever o indescritível e lembrar o absolutamente esquecido".

Será? É possível concordar com Pastoriza? A ficção pode falar mais sobre a realidade do que a própria tentativa de retratá-la? Esse é um assunto para o próximo item.

A TÊNUE FRONTEIRA ENTRE FICÇÃO E REALIDADE

Quando os escritores afirmam que a ficção é a melhor maneira de retratar a suposta realidade não estão legislando em causa própria. Como diz o ditado, a vida imita a arte. As representações ficcionais da realidade permanecem no imaginário por muito mais tempo do que as narrativas baseadas em compromissos com a verdade factual, como é o caso do Jornalismo.

Os americanos já perceberam isso há muito tempo. Por quase um século, o cinema de Hollywood vem ditando modas, criando hábitos e moldando o consumo em todo o mundo. Mas o que ele faz com mais eficiência é difundir o *american way of life*, ou seja, propagar a ideologia e os paradigmas do modo ianque de viver. Os enredos da Universal e da Paramount não carregam apenas lágrimas e aventuras, eles são a melhor propaganda dos valores da sociedade americana.

A abundância de representações (não só do cinema, mas também da televisão e de outras mídias) promove quase uma dissolução de fronteiras entre o real e o ficcional. O sujeito sai do cinema depois de assistir ao filme *Gladiador* e acha que sabe tudo sobre Roma. A menina só pensa em ter o corpo da Britney Spears e se apaixonar por alguém parecido com o Tom Cruise. A madame acredita que o sapato da moda é aquele usado pela protagonista da novela das oito. O adolescente se matricula na academia de ginástica para ter a mesma sociabilidade dos personagens de *Malhação* (no início da série, em 1995, o cenário era uma academia. Alguns anos mais tarde passa a ser uma escola).

Na TV, como em outros *mass media*, a chave para a construção do fato é o espetáculo. Se o editor de arte do telejornal resolve usar recursos de computação gráfica para reconstituir um atropelamento em Copacabana, por exemplo, seu objetivo é proporcionar ao telespectador uma visão superprojetada do *fait diver*, transformando-o em acontecimento, com grau de importância medido pela capacidade de consumo que ele desperta. A realidade é projetada pela imagem e pela palavra de forma teatral, moldada em ilhas de edição, onde os cortes e as sequências de plano são orientados pelo critério da supervalorização. "Os *media* transformam em atos aquilo que não teria sido senão palavras no ar, dão ao discurso, à declaração, à conferência de imprensa a solene eficácia do gesto irreversível", diz o historiador Pierre Nora.

Os acontecimentos na contemporaneidade juntam as forças da informação e da "ficcionalização". São construídos pelos meios de comunicação, mas também os constroem. Um duplo movimento, que só faz aumentar a crise epistemológica da operação jornalística, baseada na crença de poder reproduzir a verdade.

A mídia influencia o ideário coletivo, que não se reduz ao significado intelectual, sendo também estritamente ligado a nuanças emocionais. O que "a realidade propõe, o imaginário dispõe", acrescenta Nora, tomando como exemplo o suicídio de Marylin Monroe, que, para tornar-se um acontecimento, precisou que milhões de pessoas vissem nele o drama do *star system* e a tragédia da beleza interrompida.

O exemplo de Marylin é pertinente porque evidencia não só uma confusão entre os domínios público e privado, mas também a própria dificuldade de estabelecer fronteiras entre a realidade e a ficção. Quantas pessoas duvidaram que o mito pudesse realmente ter morrido? Assim como, até hoje, milhares de americanos acreditam que Elvis ainda está vivo... Ou, para citar um caso brasileiro, quem não se surpreendeu com as circunstâncias do assassinato da atriz Daniella Perez? Que autor de novelas imaginaria um enredo no qual dois atores formam um par romântico na ficção, mas ele a mata na vida real?

O fato é que a verdade é um mosaico. Fala por mil vozes. Tem mil faces. É interpretada, construída e reconstruída. Está inserida em uma teia de conexões e complexas estruturas. E até as simplificações, paradoxalmente, confirmam a complexidade. Como a frase de Mario Quintana: "A mentira é uma verdade que se esqueceu de acontecer".

Qualquer reflexão crítica contemporânea precisa levar em conta essas considerações. Não há mais lugar para discursos totalizantes ou verdades absolutas. Nem para teorias messiânicas, que ignorem os conceitos de indeterminação, complementaridade e tolerância às ambiguidades. Não há mais lugar para a arrogância.

Não quero com isso cair em um relativismo absoluto. Minha intenção é apenas ressaltar a crescente dificuldade em definir fronteiras rígidas entre o *facto* e o *ficto*. O que chamamos de realidade constitui-se fundamentalmente de construções possíveis em formas infinitas e variáveis. O próprio indivíduo é coconstrutor da realidade em que vive e que, às vezes, quer modificar. Diversas vozes e múltiplos olhares formam o acontecimento. Como afirma o historiador Peter Burke, a apresentação sequencial dos eventos toma de empréstimo técnicas da Literatura e do cinema, como, por exemplo, a ênfase sobre estruturas narrativas e construções de visibilidades. A montagem parece ser a linguagem mais adequada, com suas inúmeras possibilidades, entre as quais a própria subversão da cronologia.

Também não quero diminuir a importância do Jornalismo e da verdade em si. Apenas acredito que devemos interpretá-la não a partir dos eventos, mas tomando como referência seus pressupostos de formação, o que significa questionar fontes, arquivos e até documentos oficiais. É bom lembrar que a "história real" sempre é contada pelos vencedores.

Com relação ao Jornalismo, a despeito do compromisso em retratar a verdade, contém técnicas e procedimentos essenciais para o bom escritor. Essa também é a conclusão da professora Cristiane Costa, em sua tese de doutorado, *Pena de Aluguel*. Ela entrevistou 35 profissionais da imprensa que enveredaram pela Literatura e perguntou qual é a influência que o trabalho na redação exerce sobre a produção ficcional. A resposta mais ouvida foi um seco e conciso "é útil".

Cristiane repetiu a pergunta feita cem anos antes por João do Rio: "O jornalismo, especialmente no Brasil, é um fator bom ou mal para a arte literária?" Segundo a pesquisadora, entre os fatores positivos, os entrevistados destacaram a disciplina, a prática diária da escrita, o exercício da clareza e da concisão e a ampliação de contato com o mundo. Mas também foram lembrados pontos desfavoráveis, como o estresse, as longas jornadas de trabalho e a competitividade (2005, p. 200).

Os jornalistas escrevem ficção por diversos motivos. Fugir da realidade talvez seja um deles. Mas, nesse caso, é possível que estejam próximos da redundância.

ALGUNS AUTORES E OBRAS

Neste capítulo, em vez de relacionar novos autores, vou ampliar um pouco o leque de recomendações literárias e informações sobre os escritores já mencionados na reflexão teórica. A opção recaiu por Gabriel García Marquez, Mario Vargas Llosa, Carlos Heitor Cony, Antonio Pastoriza e Deonísio da Silva. Meu critério de escolha restringiu-se à América Latina, mas acredito que a excelência dos autores em questão já é em si uma justificativa (ou, talvez, a falta dela). Na verdade, devo confessar que houve uma certa intervenção pessoal na seleção. Só me resta, então, tentar me aprofundar um pouco mais na vida e obra dos escolhidos.

Sobre Gabo, além dos já citados *Cem anos de solidão* (1967) e *O general em seu labirinto* (1990), vale a pena conferir o livro *O amor nos tempos do cólera* (1985). O próprio García Marquez o considera este seu melhor texto, recheado de metáforas fantásticas e com uma narrativa densa e fluida ao mesmo tempo.

O colombiano publicou seu primeiro conto em 1948. Trabalhou como jornalista em Cartagena, Barranquilla e depois no *El Espectador* de Bogotá, durante os anos de 1948 a 1955. Neste período, produziu muitos trabalhos no Jornalismo, entre eles grandes reportagens e críticas de cinema.

Em 1955, depois de escrever inúmeros contos, García Márquez publicou seu primeiro romance, *Folhas mortas*. Nesse mesmo ano ganhou um concurso nacional de contos e mudou-se para a Europa após o golpe de Estado do general Rojas Pinilla. Foi enviado especial do jornal em que trabalhava à Conferência dos Quatro Grandes, em Genebra. Pouco depois, viajou para Roma, como correspondente do mesmo jornal, e estudou no Centro Experimental de Cinema, além de fazer uma viagem de três meses aos países socialistas, radicando-se depois em Paris.

Em 1956, voltou à Colômbia, e, no ano seguinte, trabalhou como jornalista em Caracas. Em seguida, foi para Nova York como representante da Prensa Latina, a agência cubana nas Nações Unidas. Morou ainda na Cidade do México por seis anos escrevendo roteiros para cinema.

Além do sonho de fazer cinema, García Marquez continuou a investir em seus trabalhos como escritor, que acabaram rendendo dezenas de contos e romances, como *Ninguém escreve ao Coronel* (1961) e *Os funerais de Mamãe Grande* (1962). Alguns anos mais tarde, em 1966, reuniu o que sobrara de suas últimas poupanças e enviou pelo correio a uma editora em Buenos Aires o texto de um de seus romances, que lhe custara dois anos para escrever. Mal sabia ele que nascia ali a história de seu livro mais célebre: *Cem anos de solidão*.

A publicação do livro, em 1967, mudou a vida do escritor, que a partir de então começou a viajar por todo o mundo, aproveitando a fama repentina para reafirmar seu compromisso civil e político contra os regimes ditatoriais latino-americanos. O livro foi traduzido em 35 idiomas e acumulou uma venda calculada em mais de trinta milhões de exemplares nos cinco continentes. Em 21 de outubro de 1982, 15 anos depois da publicação de *Cem anos de solidão*, Gabo recebeu o Prêmio Nobel de Literatura.

Seu igualmente célebre colega peruano Mario Vargas Llosa teve o reconhecimento como escritor ainda muito jovem, aos 22 anos de idade, com a publicação de seu primeiro livro de contos, *Os chefes*, de 1958, pelo qual recebeu o Prêmio Leopoldo Alas de Literatura. Na mesma época, mudou-se para a Europa. O sucesso internacional, no entanto, só viria quatro anos depois, com a publicação em vários idiomas de *La ciudad y los perros*, que em português ficou conhecido como *Batismo de fogo*. Recebeu também com esse livro dois importantes lauréis da literatura internacional, o Prêmio Biblioteca Breve e o Prêmio da Crítica na Espanha.

Em 1973, Llosa publicou sua obra mais conhecida, *Pantaleão e as visitadoras*, romance ambientado na Selva Amazônica peruana, no qual o autor faz uma dura crítica à sociedade puritana da época por meio da figura do general Pantaleão. Em 1999, o famoso livro ganharia as telas do cinema e rodaria o mundo inteiro.

Outro importante livro do autor é *A guerra do fim do mundo*, em que narra a história da Guerra de Canudos. Diferentemente da narrativa de Euclides da Cunha sobre o conflito, Llosa emprega uma linguagem mais acessível ao leitor médio, com descrições menos densas sobre o sertão nordestino.

Em 1983, o escritor foi convidado pelo então presidente do Peru, Fernando Belaúnde Terry, para presidir a comissão de investigação do caso Uchuraccay, sobre o assassinato de oito jornalistas peruanos. Em 1986, Llosa dividiu com Rafael Lapesa o Prêmio Príncipe de Astúrias das Letras.

Sua proximidade com as questões políticas acabou levando-o às urnas de seu país. Em 1990, concorreu à presidência da República do Peru pela Frente Democrática. Chegou ao segundo turno, mas foi derrotado por Alberto Fujimori, eleito com o apoio integral da esquerda, unida contra o suposto liberalismo de Llosa, que o presidente eleito acabaria adotando durante seu governo.

Logo após as eleições, Llosa mudou-se para Londres e retomou suas atividades literárias. Em 1993, obteve nacionalidade espanhola sem renunciar à nacionalidade peruana. Ainda nesse ano, estreou em Londres a peça *Louco dos balcões*, a respeito da difícil transição entre tradição e modernidade, e publicou o romance *Lituma nos Andes*, com o qual ganhou, na Espanha, o Prêmio Planeta de Literatura.

No ano seguinte, recebeu, também na Espanha, o Prêmio Miguel de Cervantes de Literatura das mãos do rei Juan Carlos. O prêmio é concedido pelo conjunto da obra de um escritor, e é a mais importante premiação das letras espanholas. Nesse mesmo ano, recebeu ainda o Prêmio Jerusalém, concedido a autores "cuja obra reflita a ideia da liberdade dos indivíduos na sociedade".

Em 1996, Vargas Llosa tornou-se o primeiro latino-americano a ingressar na Real Academia de la Lengua Española, organismo que zela pela difusão da língua espanhola no mundo desde o reinado de Felipe IV, em 1714. Em 2000, Llosa publicou o romance *A festa do bode*, repleto de ingredientes típicos de um *best-seller* com forte tempero caribenho: sexo, assassinatos, torturadores e políticos corruptos.

Ainda na América Latina, mas agora com enfoque brasileiro, vale comentar um pouco mais a obra de Carlos Heitor Cony. Além do já citado *Quase memória*, outro livro importante é *O ventre*, de 1955, influenciado pelas ideias existencialistas do filósofo francês Jean-Paul Sartre. Em 1956, Cony concorreu com esse romance ao Prêmio Manuel Antonio de Almeida, promovido pela Prefeitura do Rio de Janeiro. Austregésilo de

Athayde, Celso Kelly e Manuel Bandeira, que compuseram a comissão julgadora, foram unânimes em dizer que o romance era "muito bom", mas não poderiam premiá-lo por se tratar de uma obra forte demais para vencer um concurso oficial.

No ano seguinte, irritado com a atitude da comissão julgadora, Cony inscreveu-se com o romance *A verdade de cada dia*, escrito em apenas nove dias. Novamente, ganhou o Prêmio Manuel Antonio de Almeida, dessa vez outorgado por Carlos Drummond de Andrade e Austregésilo de Athayde, organizadores do concurso.

Nas décadas de 1960 e 1970, Cony foi perseguido pelo regime militar, mas não parou de escrever. Alguns de seus livros mais importantes foram escritos durante a ditadura, como *Pessach: a travessia* (1967) e *Pilatos* (1973). Durante esse período, foi demitido dos jornais em que trabalhava, mas, a convite de Adolpho Bloch, de quem se tornou amigo íntimo e *ghost writer*, passou a trabalhar nas revistas do Grupo Manchete.

Com mais de dez romances publicados, além de livros de crônicas, biografias e roteiros de TV, Cony recebeu o Prêmio Machado de Assis, da Academia Brasileira de Letras, pelo conjunto de sua obra, em 1996. O livro *Quase memória* ganhou dois prêmios Jabuti, da Câmara Brasileira do Livro ("Melhor Romance" e "Livro do Ano – Ficção"). No mesmo ano, publicou seu 11º romance, *O piano e a orquestra*, vencedor do Prêmio Nacional Nestlé de Literatura.

Em 1997, Cony lançou seu 12º romance, *A casa do poeta trágico*, novamente premiado com dois Jabutis, pela Câmara Brasileira do Livro ("Melhor Romance" e "Livro do Ano – Ficção").

Em março de 2000, Cony foi eleito, com 25 dos 37 votos possíveis, para a cadeira número três da Academia Brasileira de Letras, tomando posse em maio do mesmo ano. Seu 14º romance, *O indigitado*, foi escrito em 2001 por encomenda da Editora Objetiva, do Rio de Janeiro, que com ele inauguraria a coleção "Cinco dedos de prosa", lançada em 2002.

Longe da ABL e do foco da mídia, um colega menos famoso de Cony também fez sua carreira no Jornalismo Literário. Na verdade, Antonio Pastoriza é o escritor que melhor se encaixa na definição de ficção-jornalística. Não só por seu estilo literário, mas principalmente por sua história de vida. Conforme já mencionei, as poucas informações sobre sua biografia são desencontradas e imprecisas, o que torna ainda mais difícil diferenciar a realidade da ficção.

Filho de um pescador galego e de uma camponesa, Pastoriza nasceu em uma pequena aldeia do outro lado da Baía de Vigo, no noroeste da Espanha. Passou a infância e a adolescência em sua cidade natal, e praticamente não frequentou a escola. Foi alfabetizado com quase 10 anos de idade, mas, desde então, o apetite para os livros, segundo sua própria definição, tornou-se insaciável. O problema é que sua famíla não tinha dinheiro nem para comer, muito menos para satisfazer a inquietude intelectual do menino.

A solução encontrada por Pastoriza foi recorrer a um vizinho abastado, que mantinha uma biblioteca de quase oitocentos livros, um luxo para a época. O menino cortava grama, lavava pratos e areava panelas em troca do acesso às prateleiras iluminadas à vela. Antes dos 18 anos, já tinha lido os principais clássicos da Literatura Universal, com especial admiração pela *Odisseia*, de Homero.

As visitas à biblioteca do vizinho, no entanto, foram interrompidas de forma abrupta. Pastoriza se apaixonou pela filha do homem, que não queria ver a menina casada com um miserável cuja única aptidão era a leitura. "Você acha que cultura enche barriga, garota?" Nem mesmo a moça dos olhos azuis, um ano mais nova que Pastoriza, sabia a resposta.

Contra a vontade da família, casaram-se em 1944. O argumento para convencer o velho intransigente foi a gravidez da menina. Mesmo assim, passaram muitas dificuldades, sem receber nenhuma ajuda financeira. Pastoriza passou a trabalhar na marinha mercante, enquanto a esposa dedicava-se ao contrabando de cigarros pela Baía de Vigo.

Em 1948, nasceu o segundo filho do casal e, em 1949, Pastoriza imigrou para a América Latina, passando por Cuba, Venezuela, Colômbia e Brasil. Assim como o Ulisses da *Odisseia*, ele fantasiava a volta para casa, trazendo riquezas para a esposa, que ficara na Espanha. Não foi o que aconteceu.

No Rio de Janeiro, ele conseguiu emprego como peão de obra. O único contato com a mulher passou a ser via correio, o que acabou determinando seu estilo epistolar de escrita. As cartas tornaram-se seu primeiro romance, *O retorno de Kalu*, que retrata a realidade do operário da construção civil carioca na década de 1950, ao mesmo tempo em que conta a tentativa de volta do imigrante para a terra natal. A descrição jornalística e a precisão de detalhes do texto já denunciam o talento de Pastoriza para as redações.

Obviamente autobiográfico, o livro foi publicado na Espanha em 1953 e permitiu que a esposa conseguisse o dinheiro para viajar ao Brasil. Pastoriza passou a escrever como correspondente em um jornal espanhol, cujo editor se impressionara com o estilo do peão de obra. O grande problema é que não há nenhum registro dessa época, pois Pastoriza só escrevia com pseudônimos. O próprio romance saiu com vários nomes falsos, um em cada edição. Só os contemporâneos do escritor são capazes de confirmar a autoria do texto.

Apesar do emprego como jornalista, Pastoriza continuou trabalhando na construção civil. Virou empreiteiro e montou uma pequena empresa, que empregava seus amigos peões. Pagava salários dobrados aos operários e, respeitando um costume espanhol, a *siesta*, deixava que todos dormissem durante duas horas após o almoço. No final do expediente, costumava pagar a cerveja de todos no boteco mais próximo.

O negócio prosperou, mas o escritor não desistiu da Literatura. Durante 15 anos, escreveu seu segundo romance, *O Pompilho*, cuja quantidade de heterônimos superou em muito o livro anterior. Curiosamente, ambas as obras só foram publicadas na Espanha, o que, para alguns pesquisadores, foi determinado pela confiança que ele tinha em manter o anonimato se permanecesse fiel ao seu editor espanhol.

Pastoriza é um iconoclasta. Seu texto é rebelde e contestador. Ele se situa como anarquista, ironiza todas as formas de poder e procura valorizar a realidade das classes sociais mais baixas. Seus personagens estão em permanente luta contra o *status quo*, embora não deixem de aproveitar todos os momentos de esbórnia que a vida pode proporcionar. Entre a erudição e a vida boêmia, Pastoriza fica com as duas. Mas tem uma certa predileção pela segunda, pois ela o aproxima mais da realidade.

De 1970 em diante, Pastoriza tratou de confundir ainda mais seus leitores, que, salvo raras exceções, não têm a menor ideia de quem ele seja. Pastoriza nunca deu entrevistas, jamais tirou fotos ou apareceu em imagens de vídeo. Entre seus pseudônimos favoritos estão Juan Assaf, Jorge Estaca, Maria Afiladora, Carlos Garsa e Afonso Gamboa.

Seu nome verdadeiro apareceu pela primeira vez em 1998, em um texto na internet, de onde foram tiradas as informações desta pequena biografia. Aliás, só mesmo a rede mundial de computadores para aumentar ainda mais o mistério em torno de seu nome. Há uma infinidade de pequenas crônicas e poesias que são atribuídas a ele sem confirmação.

Em 2006, houve um bloqueio de seu nome nos sites de pesquisa da internet. O movimento foi atribuído a um grupo de *hackers* que luta para manter o anonimato do escritor. Para complicar, seus livros são muito difíceis de encontrar. Há traduções piratas em diversos idiomas, mas as edições oficiais ficam inviabilizadas pela dificuldade de encontrar o autor. Outros quatro livros são atribuídos a Pastoriza: *Oceano* (1981), *La taberna de mi compadre* (1989), *Badun Badeiro* (1992) e *Seara* (1997). Nenhum deles é reconhecido oficialmente pelo autor.

Por último, vale voltar a um ficcionista brasileiro ainda pouco conhecido, mas cuja obra já tem dimensão internacional. Autor dos já mencionados *Avante, soldados: para trás* (1992) e *Teresa, namorada de Jesus* (1997), Deonísio da Silva, que também escreveu o célebre *A cidade dos padres* (1986) e já recebeu importantes prêmios literários. Seu livro de estreia, *Exposição de motivos* (1976), foi premiado pelo MEC e transposto para o teatro e para a televisão, com direção de Antunes Filho. Também *Teresa* foi transposto para o teatro, sob a direção de José Nelson de Freitas. Mas, depois de ganhar o Prêmio Casa de las Américas por *Avante, soldados: para trás*, que contou com o "nobel" José Saramago na comissão julgadora, nunca mais se inscreveu em concursos.

Como já disse, nada mais sintomático do que a maior faculdade de comunicação social do Brasil, com 6.800 alunos, ser dirigida por um ficcionista. Deonísio da Silva não só é o executivo à frente da escola, como organiza todo o conteúdo programático, avalizado por um cabedal cultural que começou a ser construído ainda na infância, quando ingressou no seminário. Versado em latim, alemão, inglês e francês, Deonísio não é jornalista, mas conhece a profissão como ninguém.

Autor de 29 livros, Silva desistiu de tornar-se padre, mas não perdeu o gosto pela religião, o que pode ser comprovado no romance que conta a história de santa Teresa de Ávila sob o ponto de vista de um seminarista. Autor também de contos, ensaios e crônicas, Deonísio conjuga o talento do escritor com a sensibilidade do religioso. Ele tem um espírito leve, iluminado, livre de estereótipos e avesso aos julgamentos. Nunca criticou seus pares. Em quase 60 anos de vida, não há notícia de que tenha se envolvido em nenhuma briga acadêmica. Admirado por seus alunos, é incapaz de levantar a voz ou participar de qualquer tipo de conflito. É chamado de o *gentleman* do Jornalismo e da Literatura.

CAPÍTULO VIII

Epílogo

*Deve-se estar sempre embriagado. De poesia ou de virtude.
À tua escolha. Mas embriaga-te sem cessar.*
Charles Baudelaire

Ao volante de seu Palio Weekend bege, a menina de 19 anos encosta na guarita do condomínio. Ela para na entrada de visitantes, mas não consegue falar com o segurança. Ao seu lado, o motorista do Audi preto parado na entrada de moradores, que fica mais próxima da cabine, monopoliza a conversa, colocando-se entre ela e o guarda. Ele também está de visita, mas executa a manobra a fim de evitar a fila que se aglomera na outra parte. E quando repara na vã tentativa de comunicação da menina, se oferece para ser o mediador.

– Como é seu nome? – pergunta, antes de dirigir-se para o homem de quepe preto com uma relação de convidados na mão.

Ouve a resposta com prazer, tenta disfarçar a alegria, confere o papel novamente, verifica que ela realmente é convidada e levanta o tom de voz para que todos ouçam.

– Se tá na lista, tá comigo – diz, virando o pescoço lentamente para a moça dos olhos verdes cuja surpresa só perde para a curiosidade sobre o sujeito que esboça um ar sedutor meio sem jeito. Quase um Casanova suburbano. Aquele típico Don Juan da periferia que não se avexa de forma alguma. Ele continua:

– Pode me seguir que eu sei onde é a festa!!!

A menina nem pensa duas vezes diante da segurança do interlocutor. Deixa a cancela para trás, ultrapassa duas ruas transversais e entra na terceira à esquerda, bem atrás de seu guia. Ambos estacionam o carro em frente à casa branca com luzes de boate e o som "bombando" nas *pick ups* do DJ.

Saem dos veículos rapidamente. O rapaz a cumprimenta com dois beijos na face rosada, passa o braço sobre a cintura magra e proporcional ao corpo esguio, repara nos lábios em forma de maçã, e destila sua conclusão triunfal:

– Você deve ser convidada do Ricardo. Eu estou promovendo a festa junto com ele. Pode entrar!!!

A menina abre um sorriso largo que logo se transforma em uma risada de salão, ao estilo Fafá de Belém. Fixa o olhar no rosto do rapaz, entrelaça a mão esquerda levemente suada no pescoço dele e solta sua simpatia juvenil, desculpando-se pelo mal-entendido.

– Que Ricardo, que nada!!! Eu vim para a festa da Martinha, não para a sua. Nem sei do que você está falando.

O rapaz acompanha a gargalhada da moça. Fica ruborizado com o erro, mas feliz com a coincidência. Estão ambos na mesma sintonia. Ele repara nas canelas finas e nas coxas sedosas semidescobertas que levam ao ventre úmido de sua futura mulher. Ela percebe o olhar vigoroso e o leve desvio de septo na expressão admirada de seu futuro marido. Juntos, preenchem as artérias etílicas da solidão e se embriagam um do outro em uma esbórnia de amor que promete ser infinita.

Se você se reconhece nessa história, preste atenção! Seja detalhista! Olhe para todos os lados! Relativize seus dogmas! Refaça suas interpretações! Fuja dos estereótipos! Evite os julgamentos! Agarre suas oportunidades! E, sobretudo, tome bastante cuidado!

O jornalismo literário pode levá-lo à festa errada. Mas isso só vai acontecer se você tiver muita sorte.

ANEXOS

Recomendações literárias e lista dos mais vendidos na revista *Veja*. Entre os livros de ficção, não há um autor brasileiro. (12/04/2006)

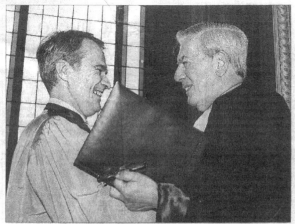

Mario Vargas Llosa (derecha) saluda al profesor Stéphane Michaud, ayer en la Sorbona. / DANIEL MORDZINSKI

'El sartrecillo valiente' ya es doctor de la Sorbona

Vargas Llosa cuenta en París su relación con la literatura francesa

JUAN CRUZ, París

Mario Vargas Llosa se hizo escritor leyendo la literatura francesa que emocionaba a su abuela en el Perú remoto, y un día pensó que sólo se haría escritor si viajaba a París. Ya en la capital de Francia, donde siguió una carrera de periodista que no logró opacar para nada su obstinada vocación literaria, se hizo alumno clandestino de la Sorbona, y ayer esta universidad señera le dejó entrar nombrándole con toda solemnidad doctor *honoris causa*.

En una rápida ojeada a su vida con la literatura francesa, Vargas Llosa contó en la ceremonia algunos sucesos que marcan esa pasión. Cuando era joven, su fanatismo por la figura de Jean Paul Sartre hizo que sus amigos le apodaran *El sartrecillo valiente*, convirtiendo en broma adecuada entonces el título perfecto al gusto del autor de *Conversación en la catedral*.

Casi 30 años después, el escritor de *La tentación de lo imposible* (su ensayo sobre *Los miserables*, de Victor Hugo) se dio cuenta de que en la famosa polémica entre su ídolo y Albert Camus, quien tenía razón era este último.

Así lo explicó Vargas Llosa: "La polémica entre Sartre y Camus sobre los campos de concentración en la URSS me produjo un prolongado trauma ideológico, que continuó resonando en mi memoria mucho tiempo, como un fermento activo e inquietante, al punto que, 30 años después de haberle dado la razón a Sartre, terminé dándosela a Camus".

Y otro suceso que contó Vargas: aquella abuela que leía a Victor Hugo le contó un día que "un tío liberal" había abandonado un día a su familia en Perú; años después se supo que el tío desaparecido había muerto en París. "Lo más bonito del cuento era el final", contó Vargas Llosa. "¿Y a qué se escapó a París ese tío liberal, abuela?". "A qué iba a ser, hijo. ¡A corromperse!".

Con Vargas Llosa fueron premiados en la misma ceremonia los Nobel literarios Imre Kertész y Dario Fo, la escritora canadiense Margaret Atwood y el profesor brasileño Candido Mendes. Kertész hizo un canto de la pasión renacida en Europa por la libertad de la cultura, y Fo acometió un monólogo humorístico contra los políticos y contra el mal humor. En aquel escenario solemne, la actuación del *bufo* italiano fue como rasgarle la sonrisa a la *Gioconda*. A todos les pusieron para celebrarlo una pieza de música clásica que, en el caso de Vargas Llosa, tenía un título especialmente adecuado a la naturaleza de su empeño literario: era una pieza de G. Holst titulada *Ostinato*.

O escritor Mario Vargas Llosa nas páginas do jornal espanhol *El País*. Cobertura da mídia garante a perenidade do autor, que já foi candidato a presidente do Peru. Sua obra profícua, obviamente, também lhe garante notoriedade.

132

A história verdadeira de dois impostores

Coincidências de mentiras e fatos recolocaram o jornalista Michael Finkel em evidência

A história verdadeira: assassinatos, memórias, mea culpa, de Michael Finkel. Tradução de Léa P. Zylberlicht. Editora Planeta, 334 pgs. R$ 39,90

Ascânio Seleme

Trata-se da história de dois mentirosos. Um dos mais renomados jornalistas da "New York Times Magazine" é demitido por inventar um personagem para uma grande reportagem que havia feito na África sobre trabalho escravo de meninos. O jornalista Michael Finkel reuniu diversos meninos que ouviu ao longo de três semanas de apuração em um só personagem. A ele deu um nome, Youssouf Malé, e, pior ainda, deu-lhe uma cara ao escolher um dos muitos meninos ouvidos e fotografados para encarnar o inventado Youssouf.

Não é preciso ser jornalista para saber que a história inventada seria natural e rapidamente descoberta. Sobretudo pelo fato de ela ter sido publicada na "New York Times Magazine". O outro mentiroso é um jovem testemunha de Jeová acusado de matar sua mulher e seus três filhos, de 4, 3 e 2 anos, e fugir para o México. Em Cancún, Christian Longo, o acusado, apresentou-se a todos que conheceu como Michael Finkel, jornalista do "New York Times".

Os dois mentirosos, que obviamente não se conheciam, acabaram entrelaçando suas vidas, pelo menos um ano de suas vidas, a partir do momento da prisão do acusado de assassinato. Longo foi preso na mesma semana em que Finkel foi demitido. O jornalista estava em casa, aguardando a publicação no dia seguinte da nota de redação anunciando a sua demissão, quando recebeu telefonema de um outro jornalista dizendo que um acusado de assassinato acabara de ser preso no México enquanto se fazia passar por Michael Finkel, ele próprio.

A história dos dois mentirosos, contada por Finkel num texto empolgante e envolvente, com suspense crescente que mantém o leitor preso ao livro, querendo ler logo o capítulo seguinte, nasceu de um momento de desespero do jornalista. Finkel que, segundo ele mesmo, tinha "um dos melhores e mais invejados empregos do mundo", via sua carreira desmoronando e percebia que seu futuro estava comprometido.

No auge da sua crise pessoal surge a história que poderia restaurar, se não a sua carreira jornalística, pelo menos o espaço editorial que lhe permitiria continuar exercendo a sua inquestionável capacidade de escrever, de escrever bem. Ao saber da existência de um assassino que, foragido no México,

MICHAEL FINKEL narra a história do assassino que se passou por ele

usava seu nome porque gostava dos textos que ele escrevera na revista do "New York Times", Finkel começou a encontrar uma alternativa para seu destino.

A partir desse momento, por iniciativa do jornalista, Finkel e Longo se encontrariam algumas vezes, enquanto o segundo aguardava julgamento em um presídio no estado do Oregon, onde ocorreu o crime, e trocariam uma frenética correspondência que deu a Finkel um acervo impressionante sobre a vida familiar de Longo. As cartas do preso ao jornalista eram escritas aos metros ou quilos. Uma vez por semana, durante mais de 50 semanas, Longo ligava a cobrar para Finkel e com ele falava uma hora, prazo que tinha para usar ao telefone de acordo com as regras do presídio.

Relato lembra 'A sangue frio', de Truman Capote

É desse compêndio de conversas e cartas que Finkel escreve a trajetória de Christian Longo desde o momento em que conheceu a sua mulher até a morte dela e de seus três filhos. O relato é pungente e, pela sua dinâmica mais do que pela sua qualidade, embora esta seja muito boa, lembra em alguns momentos o histórico "A sangue frio", do também jornalista Truman Capote, que há 40 anos inaugurava um tipo novo de estilo literário, o romance sem ficção.

Da mesma forma que Capote, que em 1966 tornou-se amigo íntimo do assassino Perry Smith, Finkel não esconde em seu livro o encanto que sentiu por Christian Longo. Longo nega inúmeras vezes que tenha sido ele o assassino de sua mulher e seus três filhos, embora todos os indícios e testemunhas apontem para ele. O desencadear de sua vida, contada em detalhes por Finkel, também parece querer provar que Longo é mesmo o assassino. A verdade vai se revelando nos últimos capítulos. Por isso também, além do bom texto e da crueldade da história, o livro tende a grudar nas mãos do leitor. ■

Em vez de críticas, resenhas. Cadernos literários tornam-se instrumentos de divulgação. *O Globo* 10/12/2005.

American imperialism

Better with them than without them

America leads the world but does it rule it? And what should we feel about being part of the empire, if it is one?

AS THE civilian death toll in Iraq continues to mount at an undiminished rate, as the prison scandals of Abu Ghraib and Guantánamo Bay continue to undermine any claim to a moral high ground, and as America continues to be a deliberate laggard in adjusting its energy policy to take account of global warming, it has become steadily harder to find non-Americans willing to agree that on balance American leadership makes the world a better place. That doesn't make the notion wrong, however. Enter Michael Mandelbaum, a foreign-policy expert at Johns Hopkins University in Washington, DC. His previous, very compelling book, "The Ideas that Conquered the World" (2002), explored how peace, democracy and free markets had become the world's dominant ideals. Now, his new book argues that the country that stands most squarely behind those aspirations, the United States, also acts as a sort of surrogate government for the globe—and that we would all be a lot worse off if it didn't.

"The Case for Goliath" is somewhat less compelling than its predecessor, as it often reads like a rather ponderous textbook. But it is in a good cause and its arguments are well worth considering, especially given the recent trend of world opinion. As he argues, the right question to ask is not whether this or that act of Ameri-

The Case for Goliath: How America Acts as the World's Government in the 21st Century. By Michael Mandelbaum. *PublicAffairs; 283 pages; $26 and £15.50*

can foreign policy could be improved upon, for many undoubtedly could be and should be. That has always been true, ever since the 1940s when America first took on a clear role as global leader. The better question is whether such American leadership—which he argues is a functional equivalent to being the world's government—is preferable to the plausible alternative. That alternative, in his view, consists of less governance not more, as neither a rival leader nor a collective solution is ready to fill the gap left by any American withdrawal. Be careful what you wish for, is in essence his message to those who go beyond criticising American actions to advocate their cessation.

Mr Mandelbaum does a fine service in showing why, in matters of peace and security, such anti-American views rest on a delusion. Without the American military to act as intervener of last resort, albeit at the head of NATO missions, the wars in the former Yugoslavia, the first on the European continent since 1945, simply would not have been brought to a halt. More generally, without the American »

Be careful before you wish them away

"Books and arts". Resenha literária publicada na revista *The Economist*. A lógica da divulgação também está na imprensa estrangeira. O que é lançamento é notícia, sempre que respeitados os critérios jornalísticos.

BIBLIOGRAFIA COMENTADA

Comentarei apenas alguns livros teóricos que abordam o Jornalismo Literário e foram mais utilizados para esta pesquisa. Os clássicos do gênero acompanham os autores e estão distribuídos pelos diversos capítulos da obra.

AGUILERA, Octavio. *La literatura en el periodismo*. Madrid: Paraninfo, 1992. Professor titular de Redação Jornalística na Universidade Complutense de Madri, Aguilera traz uma coletânea de artigos apresentados em congressos científicos, cujo tema central é a relação entre a Literatura e o Jornalismo. Vale uma especial atenção para o capítulo sobre a liberdade dos receptores e o direito à informação.

ARNT, Héris. *O folhetim e a crônica*. Rio de Janeiro: E-papers, 2001. Professora titular da UERJ, Arnt publicou uma adaptação de sua dissertação de mestrado, em que aborda os limites entre a Literatura e o Jornalismo no século XIX. O livro traz uma boa reflexão sobre autores como Balzac e Machado de Assis.

BOYNTON, Robert. *The new new Journalism*. New York: Vintage, 2005. Diretor da pós-graduação em Jornalismo de Revista da Universidade de Nova York, Boyton entrevistou 19 autores da nova geração do Novo Jornalismo americano. Alguns nem são tão novos assim, caso do célebre Gay Talese. É uma boa oportunidade para conhecer os novos autores.

CASTRO, Gustavo e GALENO, Alex. *Jornalimo e Literatura*. São Paulo: Escrituras, 2002. Os organizadores desta coletânea convidaram autores de todo o Brasil para apresentar reflexões sobre a combinação dos discursos literário e jornalístico.

CHILÓN, Albert. *Literatura y periodismo*. Barcelona: Aldeia Global, 1999. Professor da Universidade Autônoma de Barcelona, Chilón é um dos mais respeitados pesquisadores sobre Jornalismo Literário do mundo. O livro tem quase quinhentas páginas e traz um panorama completo dos estudos na área. É imprescindível para quem quer se aprofundar no tema.

COCO, Pina. *O triunfo do Bastardo*: uma leitura dos folhetins cariocas do século XIX. Rio de Janeiro, 1990. Tese (Doutorado) – Letras/PUC-Rio (mimeo). Ex-coordenadora do doutorado em Letras da PUC-Rio e maior especialista brasileira em folhetins na atualidade, a professora Pina Coco detalha os conceitos sobre o gênero, além de fazer uma historização aprofundada.

COSSON, Rildo. *Romance-reportagem*: o gênero. Brasília: UnB, 2001. O professor Cosson envereda pelas discussões sobre os gêneros do discurso, transitando pelas fronteiras conceituais entre o Jornalismo e a Literatura. Ele apresenta o romance-reportagem como um gênero autônomo.

COSTA, Cristiane. *Pena de aluguel*: escritores jornalistas no Brasil, 1904 a 2004. São Paulo: Companhia das Letras, 2005. A tese de doutorado da ex-editora do Caderno Ideias, do *Jornal do Brasil*, é um primor de pesquisa e estilo. Cristiane entrevistou 32 jornalistas que fazem Literatura, repetindo a pergunta feita por João do Rio em 1904: "O Jornalismo é um fator positivo para a arte literária?" As respostas são uma radiografia do que pensam nossos jornalistas-escritores.

FREITAS, Helena de Souza. *Jornalismo e literatura*: inimigos ou amantes. Setúbal: Peregrinação, 2002. A jovem jornalista portuguesa, amante da poesia e do romance, realizou excelente pesquisa bibliográfica para compor sua análise sobre as relações entre o Jornalismo e a Literatura. O destaque fica por conta da quantidade de autores que ela aborda.

LIMA, Alceu Amoroso. *O jornalismo como gênero literário*. Rio de Janeiro: Agir, 1958. Clássico estudo do crítico católico sobre as confluências entre Jornalismo e Literatura. Alceu afirma que os jornais hoje se aproximam das revistas como as revistas dos livros. E com isso se transformam, cada vez mais, em um autêntico gênero literário. O detalhe é que a palavra *hoje* refere-se ao ano de 1958.

LIMA, Edvaldo Pereira. *O que é livro-reportagem*. São Paulo: Brasiliense, 1993. Professor da ECA-USP, Edvaldo não fica apenas na teoria. São de sua autoria dois outros excelentes livros em que aplica os conceitos do

Jornalismo Literário, um sobre Ayrton Senna e outro sobre Gabriel García Marquez. É o pesquisador brasileiro de maior destaque na área. Nesse pequeno livro, apresenta conceitos iniciais sobre o tema.

LUCAS, Fábio. *Literatura e comunicação na era eletrônica*. São Paulo: Cortez, 2001. O professor Lucas tem uma longa e honorífica carreira. É membro das Academias Paulista e Mineira de Letras. Recebeu a Medalha da Inconfidência, foi jurado do concurso Casa de las Américas e presidente da União Brasileira de Escritores. Seu livro aborda conceitos fundamentais como o de crítica literária e suas relações com a mídia.

MORALES, Flor. *De la historia oral al periodismo literario*. Cidade do México: Pomares, 2003. A professora mexicana investiga a história oral e suas relações com o Jornalismo e a Literatura. Sua pesquisa parte de fatos reais ocorridos em Tabasco, no México, para realizar aproximações conceituais e questionar o ensino superior.

PENA, Felipe. *Teoria da biografia sem fim*. Rio de Janeiro: Mauad, 2004. Nesse livro, tento oferecer uma análise crítica da produção de biografias na atualidade, além de propor uma alternativa para o discurso biográfico baseado na busca da verdade absoluta sobre um personagem. A biografia sem fim, ou biografia em fractais, utiliza conceitos da Física Quântica para evitar a ilusão de que é possível contar a história de uma vida em sua totalidade, com causa e consequência, em ordem cronológica.

ROGÉ, Carlos. *Literatura e política*: práticas políticas. São Paulo: Edusp, 2004. O autor adaptou para livro o texto de sua tese de doutorado na ECA-USP. O resultado é um estudo completo sobre conceitos como Novo Jornalismo, livro-reportagem e romance-reportagem. O foco principal é a batalha política em torno desses discursos.

TRAVANCAS, Isabel. *O livro no jornal*. São Paulo: Ateliê, 2001. A professora Isabel também adaptou sua tese de doutorado, realizada no departamento de Letras da UERJ. Seu objetivo é analisar os suplementos literários no Brasil e na França durante a década de 1990.

YANES, Rafael. *Géneros periodísticos y géneros anexos*. Madrid: Fagua, 2004. Doutor em Ciências da Informação pela Universidade de La Laguna, em Tenerife, Espanha, Yanes faz um detalhado estudo sobre a questão dos gêneros no Jornalismo. Ele localiza o Jornalismo Literário como subgênero do Jornalismo de opinião.

WOLFE, Tom. *Radical chique e o Novo Jornalismo*. São Paulo: Companhia das Letras, 2004. Não há muito o que comentar. O texto, originariamente de 1973, é a bíblia do Novo Jornalismo. Wolfe o escreveu para ser o manifesto do gênero. Ele apresenta o conceito e detalha os recursos necessários para fazer reportagens que evitem o tom pastel da objetividade jornalística.

INTERNET

www.textovivo.com.br/ – O site dos professores Edvaldo Pereira Lima, Celso Falaschi, Rodrigo Stucchi e Sergio Vilas Boas apresenta os diversos conceitos relacionados ao Jornalismo Literário, além de textos teóricos e aplicações práticas. Tudo é feito de forma didática e esclarecedora.

www.newnewjournalism.com/ – O site do professor Robert Boyton registra parte das entrevistas que ele realizou com os novos representantes do Jornalismo Literário americano. É um bom aperitivo para o livro, além de resumir conceitos e apontar autores importantes.

www.fnpi.org/ – O site da Fundação do Novo Jornalismo Iberoamericano é mantido por jornalistas importantes, entre eles o próprio Gabriel García Marquez. Oferece oficinas, seminários e congressos.

www.nieman.harvard.edu/ – O site da Fundação Nieman da Universidade de Harvard promove o jornalismo narrativo. Há cursos e oficinas de texto, além de propostas metodológicas para mudar as características dos jornais.

www.releituras.com/ – O site do professor Arnaldo Nogueira Jr. é um dos mais completos do país. Traz biografias de escritores, textos literários e fotografias. Há também uma cinemateca que permite ao internauta assistir a vídeos sobre literatura e assuntos afins. Um trabalho de fôlego, feito por um pesquisador competente e sensível.

portalliteral.terra.com.br/ – Com curadoria da professora Heloísa Buarque de Holanda e direção de Cristiane Costa, o site apresenta entrevistas com escritores, textos literários e notícias sobre o mercado editorial, além de link para a revista *Idiossincrasias*. Outro destaque é a TV Literal, que traz matérias em vídeo sobre Literatura.

www.penadealuguel.com.br/ – O site de Cristiane Costa aprofunda sua pesquisa de doutorado, cujo resultado pode ser conferido no livro de mesmo nome. O internauta pode conferir na íntegra as entrevistas que ela realizou com 32 jornalistas-escritores.

www.felipepena.com/ – No meu site, você vai encontrar textos sobre Jornalismo e Literatura, as introduções de todos os meus livros, fotos, reportagens em vídeo e dezenas de links. Também relacionei o conteúdo programático dos cursos que leciono na graduação e no doutorado, além de resenhas digitais sobre autores e conceitos contemporâneos.

AGRADECIMENTOS

Toda obra é coletiva. Por mais que o autor se isole no escritório e fique preso entre a cadeira e o teclado, as ideias de outros autores estão sempre presentes em seu texto. Além disso, há os imprescindíveis críticos de plantão, aqueles amigos sinceros que nos ajudam a encarar o mundo de forma mais objetiva e menos ficcional, influenciando diretamente na construção do discurso. A esses, dedico meus sinceros agradecimentos.

Para começar, este livro não ficaria pronto sem a dedicação e o olho clínico de Luciana Pinsky e de toda a equipe da Editora Contexto. Da mesma forma, seria inviável publicá-lo sem o apoio constante da mulher mais completa que já conheci, a incrivelmente linda, inteligente e carismática Priscila Corrêa, cuja leitura atenta dos originais não só influenciou minhas decisões como comprovou seu espírito desprovido de qualquer ciúme intelectual ou romântico.

Também não poderia deixar de mencionar o suporte da Universidade Federal Fluminense, que concedeu uma bolsa de iniciação científica para minha auxiliar, a estudante Suzana Meirelles, a quem já agradeci na introdução. Na UFF, os colegas do departamento de Comunicação Social e da Pós-graduação sempre me incentivaram a produzir, o que é uma grata demonstração de solidariedade.

Por último, devo agradecer a toda a minha família, em especial ao casal Antonio e Josefa, alquimistas profícuos a quem devo tudo, e a Viviane e Hebert, irmã e cunhado ideais. Para minha Lela querida, já deixei o agradecimento maior, que é a dedicatória inicial.

E, claro, já ia esquecendo: "Valeu, galera da psicologia da puc!" São alunos exemplares, liderados pela personalíssima Regina, pela sensível Juliana, pela extrovertida Maria Fernanda, pela competente Mariana, pela concentrada Inês, pela belíssima Alexia, pela monitora Renata, pela jovem Maíra, pelo alegre Bryan e por tantos outros cujos nomes estão ausentes aqui, mas presentes no meu córtex frontal (sei tudo de neurologia, meus caros!).

Até a próxima. Ou melhor, o próximo (livro).